This Address Book Belongs to:

_____

_____

_____

A

Name	
🎁	📱
✉	
f	ⓘ 🐦
📍	
☰	

Name	
🎁	📱
✉	
f	ⓘ 🐦
📍	
☰	

Name	
🎁	📱
✉	
f	ⓘ 🐦
📍	
☰	

Name	
🎁	📱
✉	
f	ⓘ 🐦
📍	
☰	

Name

🎁　　　　　　📱

✉

f　　　　　📷　　　　　🐦

📍

☰

A

Name

🎁　　　　　　📱

✉

f　　　　　📷　　　　　🐦

📍

☰

Name

🎁　　　　　　📱

✉

f　　　　　📷　　　　　🐦

📍

☰

Name

🎁　　　　　　📱

✉

f　　　　　📷　　　　　🐦

📍

☰

A

Name

🎁 📱

✉

f ⊙ 🐦

📍

☰

Name

🎁 📱

✉

f ⊙ 🐦

📍

☰

Name

🎁 📱

✉

f ⊙ 🐦

📍

☰

Name

🎁 📱

✉

f ⊙ 🐦

📍

☰

Name

🎁   📱

✉️

f   ⊙   🐦

📍

☰

Name

🎁   📱

✉️

f   ⊙   🐦

📍

☰

Name

🎁   📱

✉️

f   ⊙   🐦

📍

☰

Name

🎁   📱

✉️

f   ⊙   🐦

📍

☰

A

B

Name

🎁　　　📱

✉

f　　　◎　　　🐦

📍

☰

Name

🎁　　　📱

✉

f　　　◎　　　🐦

📍

☰

Name

🎁　　　📱

✉

f　　　◎　　　🐦

📍

☰

Name

🎁　　　📱

✉

f　　　◎　　　🐦

📍

☰

Name

🎁   📱

✉️

f   ◎   🐦

📍

☰

B

Name

🎁   📱

✉️

f   ◎   🐦

📍

☰

Name

🎁   📱

✉️

f   ◎   🐦

📍

☰

Name

🎁   📱

✉️

f   ◎   🐦

📍

☰

B

Name

🎁   📱

✉️

f   📷   🐦

📍

☰

Name

🎁   📱

✉️

f   📷   🐦

📍

☰

Name

🎁   📱

✉️

f   📷   🐦

📍

☰

Name

🎁   📱

✉️

f   📷   🐦

📍

☰

Name

🎁　　　　　📱

✉️

f　　　　　📷　　　　　🐦

📍

☰

Name

🎁　　　　　📱

✉️

f　　　　　📷　　　　　🐦

📍

☰

Name

🎁　　　　　📱

✉️

f　　　　　📷　　　　　🐦

📍

☰

Name

🎁　　　　　📱

✉️

f　　　　　📷　　　　　🐦

📍

☰

B

C

Name
🎁	📱
✉	
f	◎	🐦
📍	
≡	

Name
🎁	📱
✉	
f	◎	🐦
📍	
≡	

Name
🎁	📱
✉	
f	◎	🐦
📍	
≡	

Name
🎁	📱
✉	
f	◎	🐦
📍	
≡	

Name

🎁　　　　　　　📱

✉️

f　　　　　📷　　　　　🐦

📍

☰

C

C

Name	
🎁	📱
✉	
f	ⓘ	🐦
📍	
☰	

Name	
🎁	📱
✉	
f	ⓘ	🐦
📍	
☰	

Name	
🎁	📱
✉	
f	ⓘ	🐦
📍	
☰	

Name	
🎁	📱
✉	
f	ⓘ	🐦
📍	
☰	

Name

🎁　　　　　📱

✉

f　　　　　📷　　　　　🐦

📍

☰

Name

🎁　　　　　📱

✉

f　　　　　📷　　　　　🐦

📍

☰

Name

🎁　　　　　📱

✉

f　　　　　📷　　　　　🐦

📍

☰

Name

🎁　　　　　📱

✉

f　　　　　📷　　　　　🐦

📍

☰

C

D

Name	
🎁	📱
✉	
f	⊙ ✖
📍	
≔	

Name	
🎁	📱
✉	
f	⊙ ✖
📍	
≔	

Name	
🎁	📱
✉	
f	⊙ ✖
📍	
≔	

Name	
🎁	📱
✉	
f	⊙ ✖
📍	
≔	

Name

🎁   📱

✉️

f   📷   🐦

📍

≡

Name

🎁   📱

✉️

f   📷   🐦

📍

≡

Name

🎁   📱

✉️

f   📷   🐦

📍

≡

Name

🎁   📱

✉️

f   📷   🐦

📍

≡

D

D

Name

🎁 | 📱
✉
f | ⓘ | 🐦
📍
≡

Name

🎁 | 📱
✉
f | ⓘ | 🐦
📍
≡

Name

🎁 | 📱
✉
f | ⓘ | 🐦
📍
≡

Name

🎁 | 📱
✉
f | ⓘ | 🐦
📍
≡

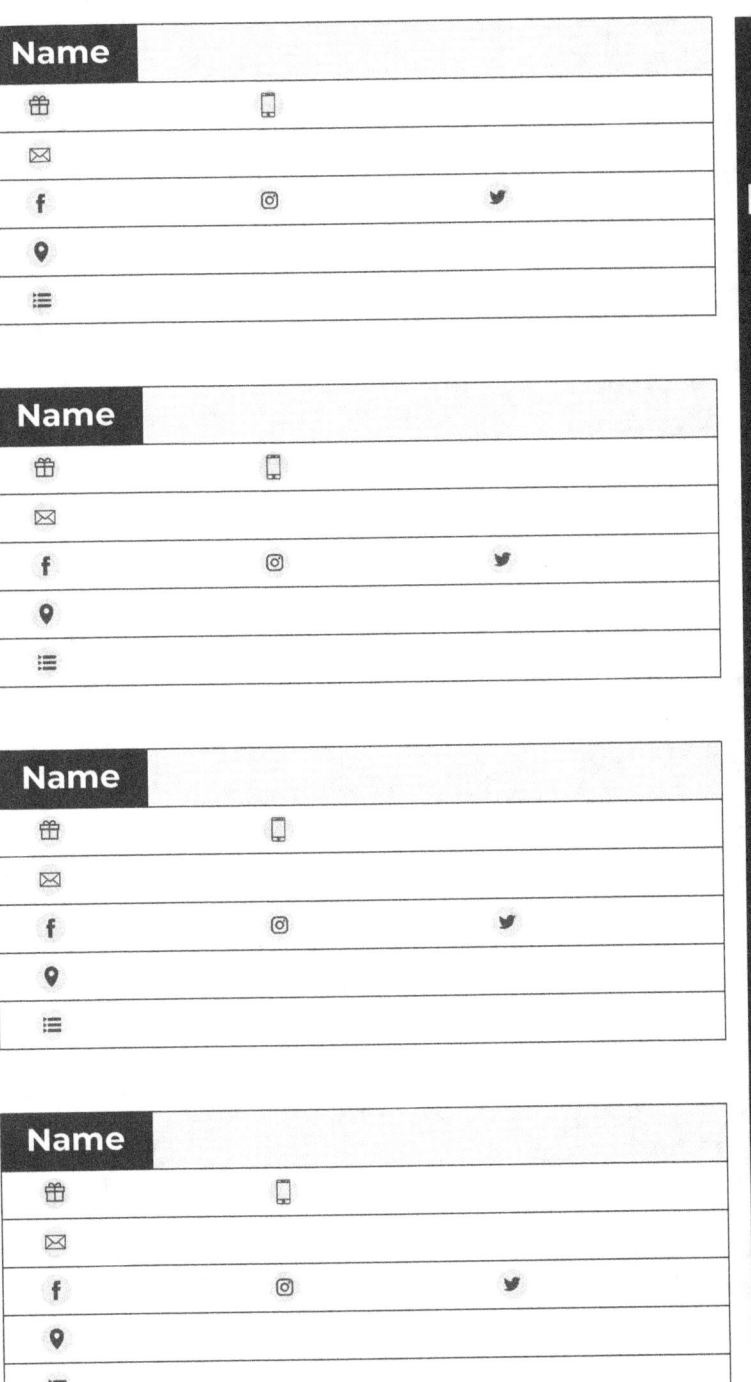

D

E

Name

- 🎁   📱
- ✉️
- f   📷   🐦
- 📍
- ≡

Name

- 🎁   📱
- ✉️
- f   📷   🐦
- 📍
- ≡

Name

- 🎁   📱
- ✉️
- f   📷   🐦
- 📍
- ≡

Name

- 🎁   📱
- ✉️
- f   📷   🐦
- 📍
- ≡

Name

🎁   📱

✉

f   📷   🐦

📍

☰

E

Name

🎁   📱

✉

f   📷   🐦

📍

☰

Name

🎁   📱

✉

f   📷   🐦

📍

☰

Name

🎁   📱

✉

f   📷   🐦

📍

☰

E

Name

🎁 📱

✉

f ◎ 🐦

📍

☰

Name

🎁 📱

✉

f ◎ 🐦

📍

☰

Name

🎁 📱

✉

f ◎ 🐦

📍

☰

Name

🎁 📱

✉

f ◎ 🐦

📍

☰

Name

🎁　　　　　📱

✉

f　　　　📷　　　　🐦

📍

☰

E

Name

🎁　　　　　📱

✉

f　　　　📷　　　　🐦

📍

☰

Name

🎁　　　　　📱

✉

f　　　　📷　　　　🐦

📍

☰

Name

🎁　　　　　📱

✉

f　　　　📷　　　　🐦

📍

☰

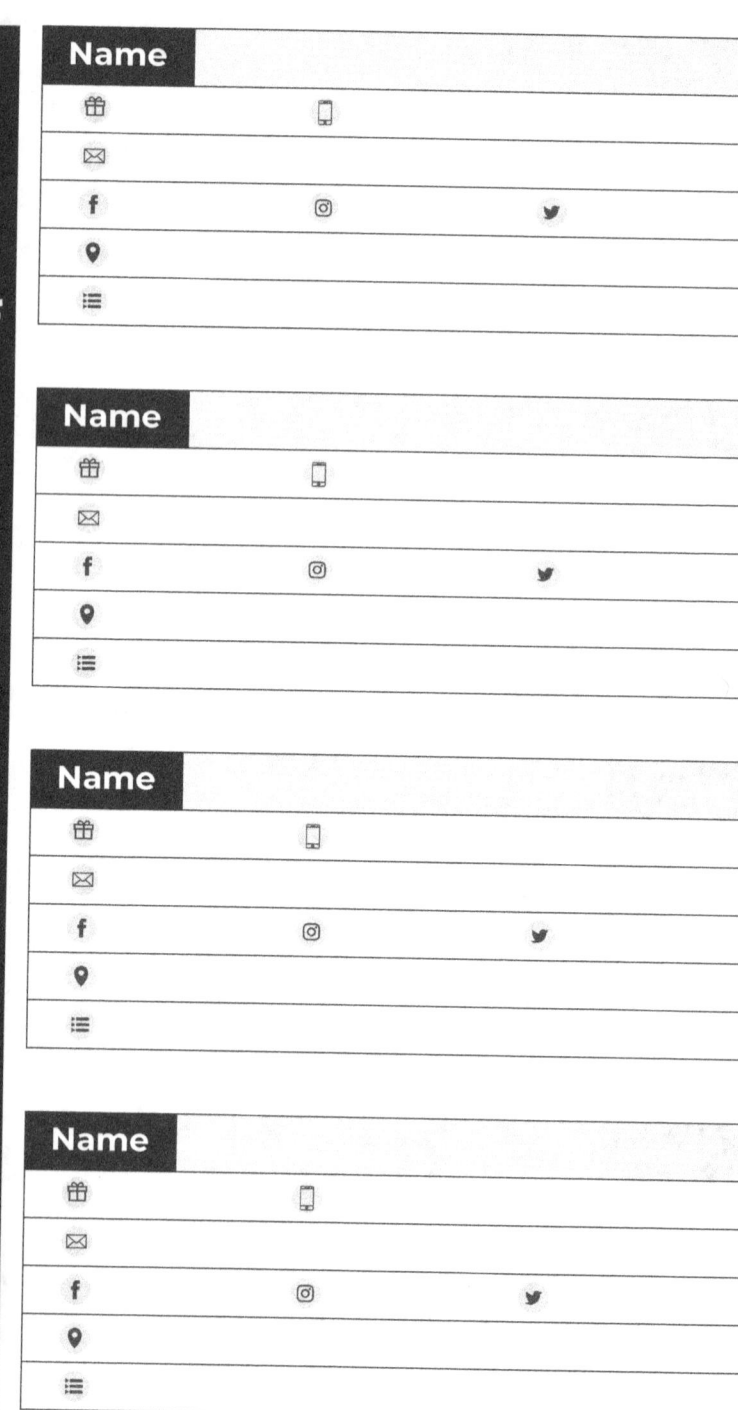

F

Name	
🎁	📱
✉	
f	⊚ 🐦
📍	
≡	

F

Name	
🎁	📱
✉	
f	⊚ 🐦
📍	
≡	

Name	
🎁	📱
✉	
f	⊚ 🐦
📍	
≡	

Name	
🎁	📱
✉	
f	⊚ 🐦
📍	
≡	

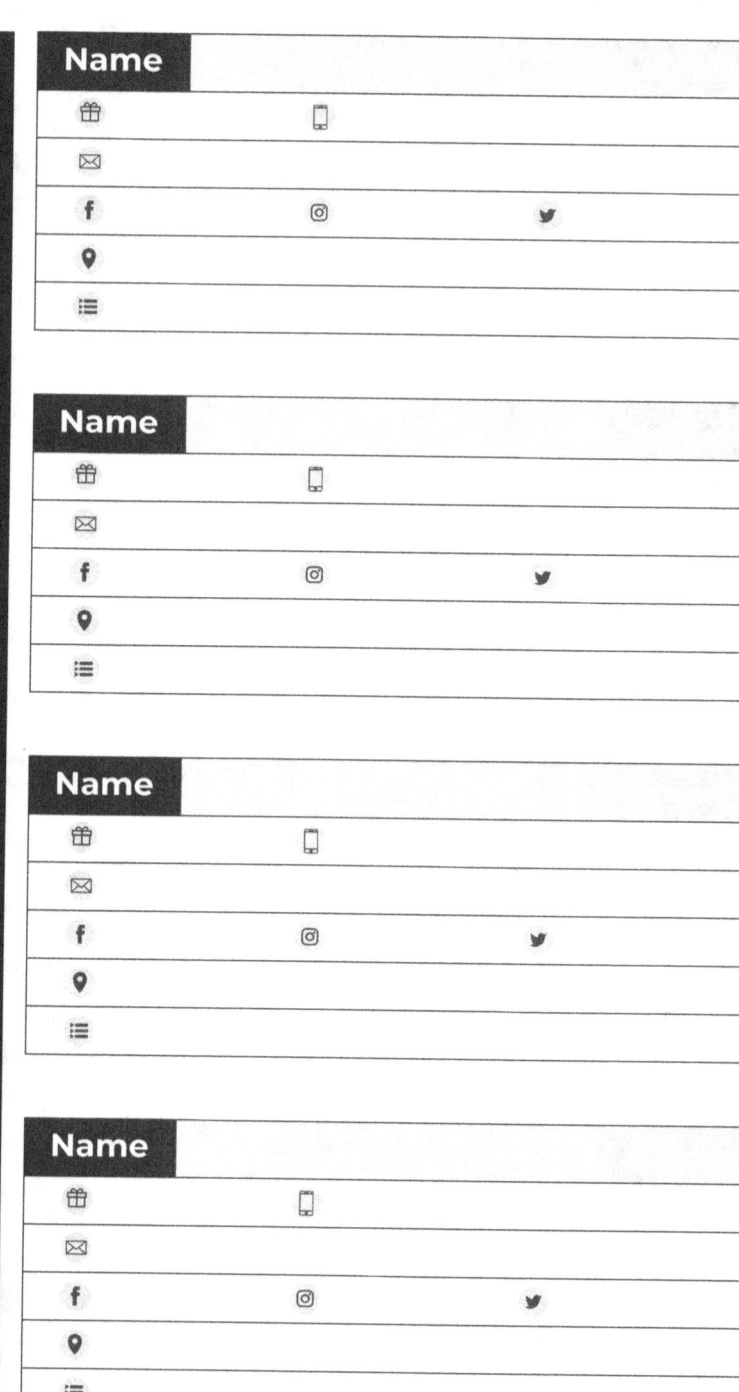

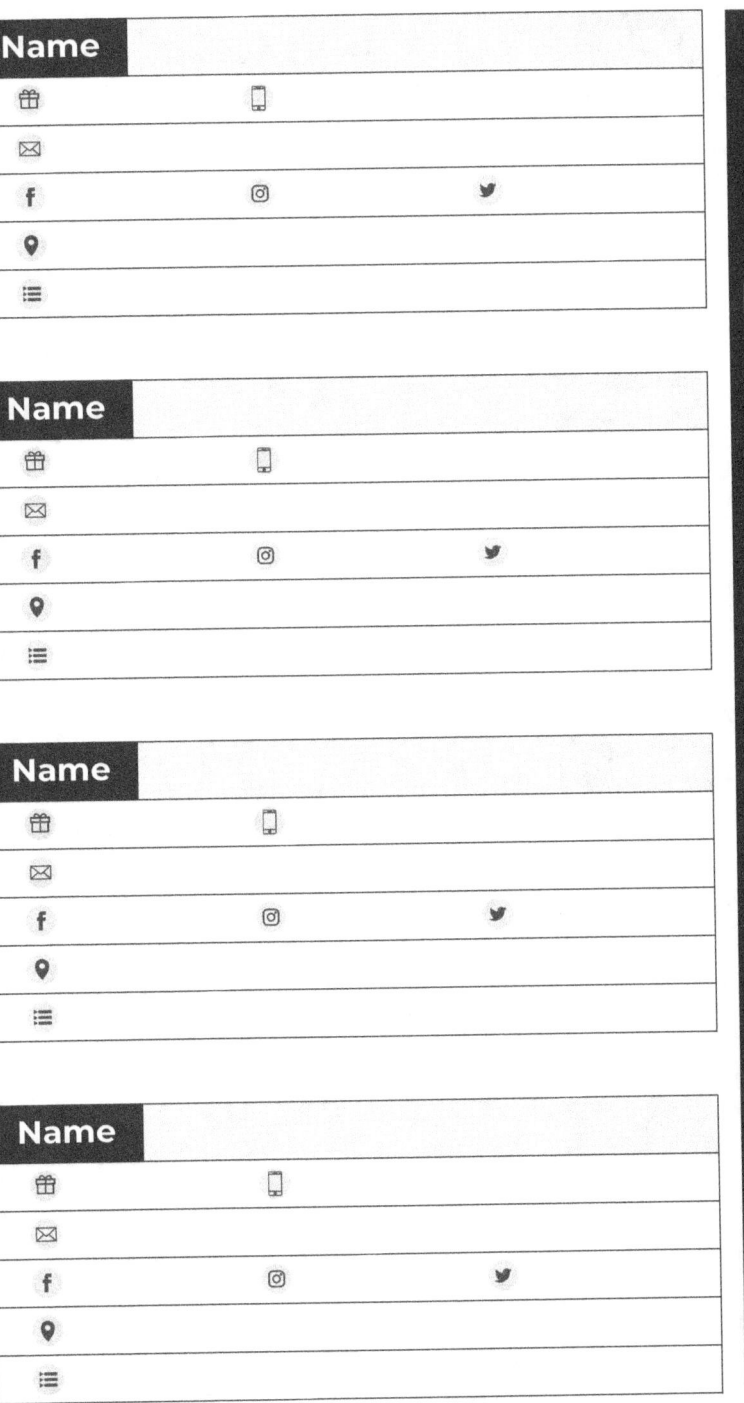

F

G

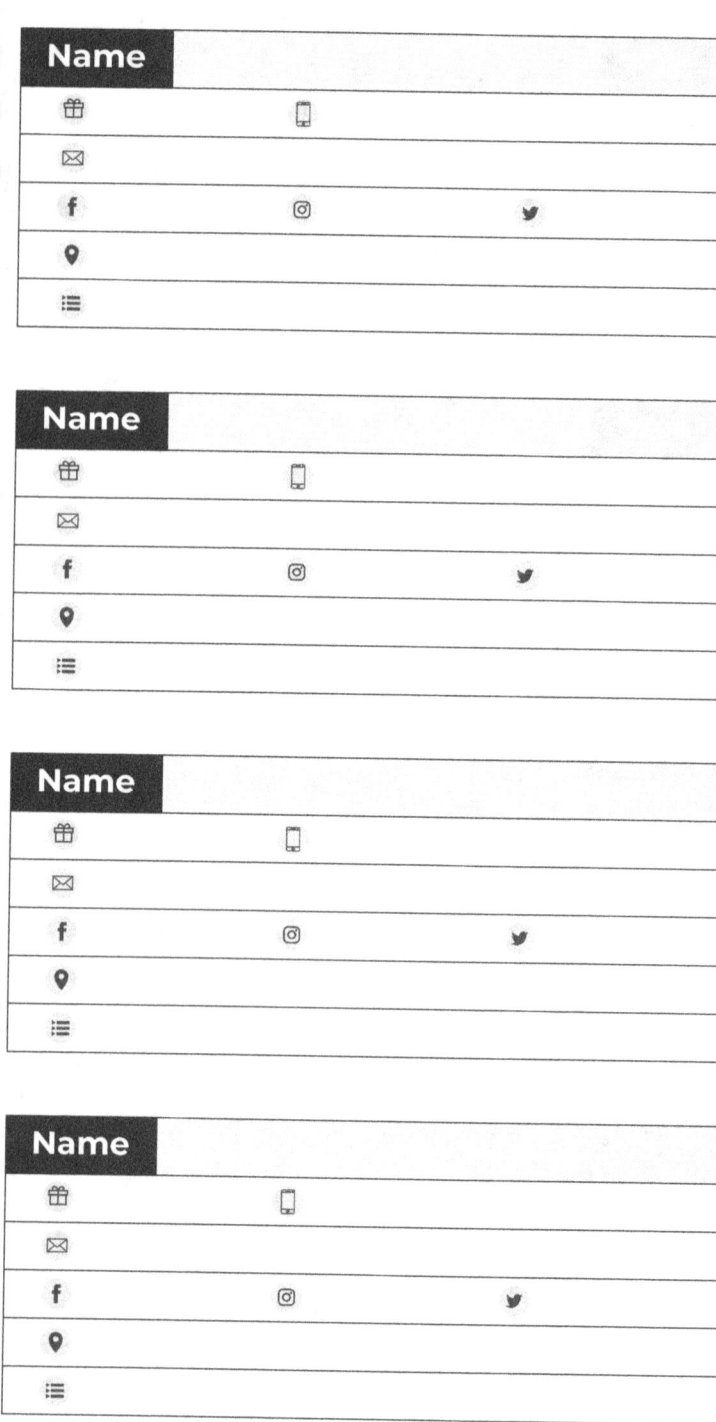

G

G

Name

- 🎁   📱
- ✉
- f   📷   🐦
- 📍
- ≣

Name

- 🎁   📱
- ✉
- f   📷   🐦
- 📍
- ≣

Name

- 🎁   📱
- ✉
- f   📷   🐦
- 📍
- ≣

Name

- 🎁   📱
- ✉
- f   📷   🐦
- 📍
- ≣

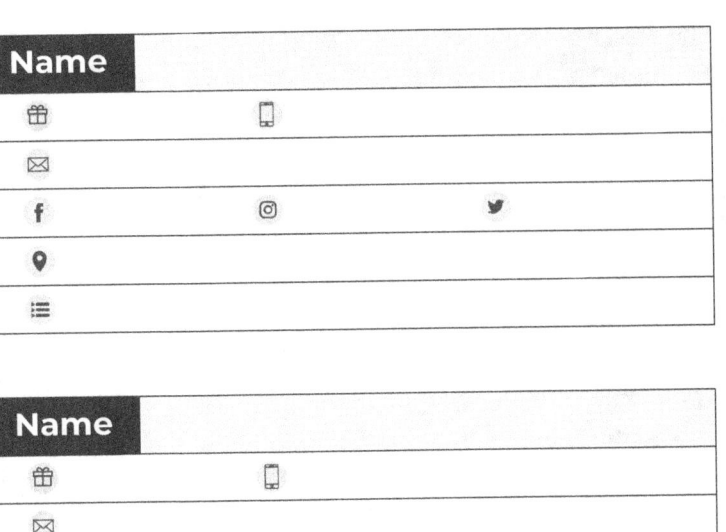

G

H

Name		
🎁	📱	
✉		
f	⊙	🐦
📍		
☰		

Name		
🎁	📱	
✉		
f	⊙	🐦
📍		
☰		

Name		
🎁	📱	
✉		
f	⊙	🐦
📍		
☰		

Name		
🎁	📱	
✉		
f	⊙	🐦
📍		
☰		

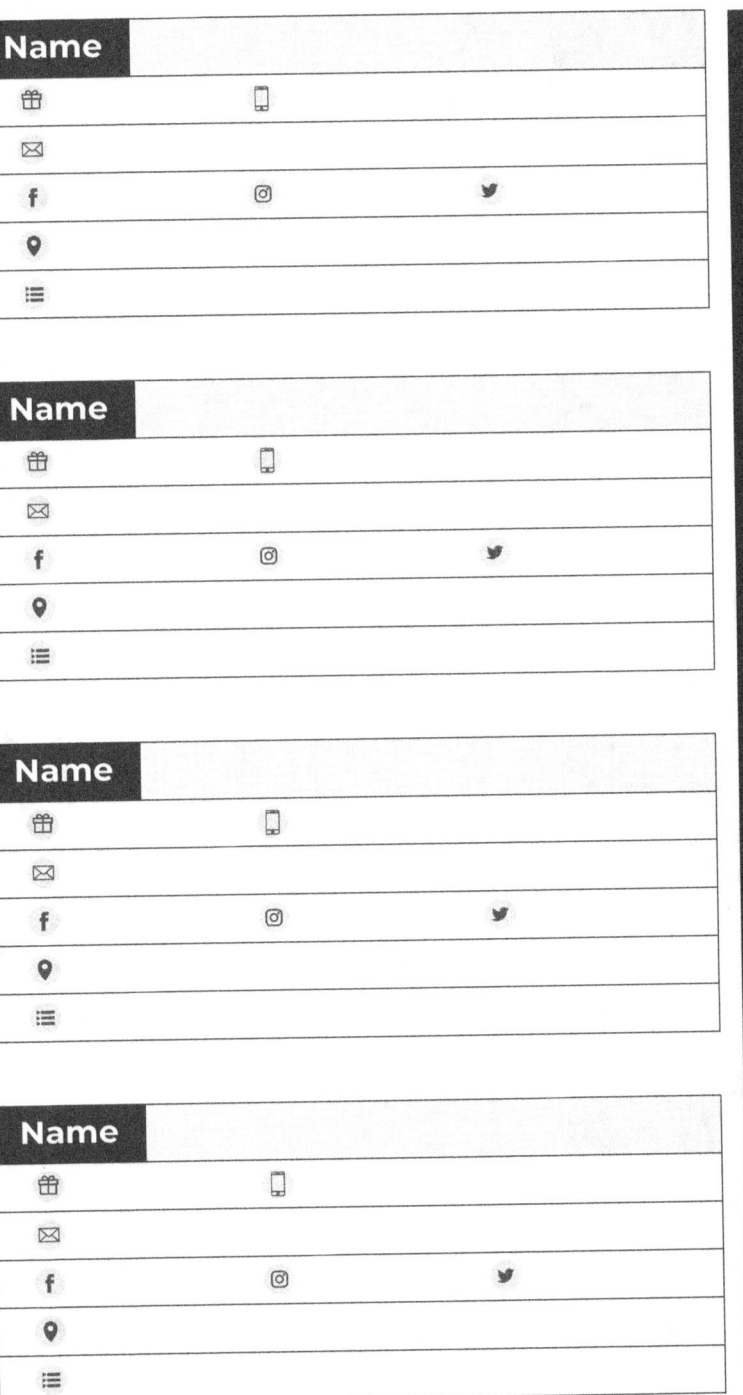

H

H

Name
🎁   📱
✉
f   ◎   🐦
📍
☰

Name
🎁   📱
✉
f   ◎   🐦
📍
☰

Name
🎁   📱
✉
f   ◎   🐦
📍
☰

Name
🎁   📱
✉
f   ◎   🐦
📍
☰

Name

🎁　　　　　　📱

✉️

f　　　　　　⊙　　　　　🐦

📍

☰

Name

🎁　　　　　　📱

✉️

f　　　　　　⊙　　　　　🐦

📍

☰

Name

🎁　　　　　　📱

✉️

f　　　　　　⊙　　　　　🐦

📍

☰

Name

🎁　　　　　　📱

✉️

f　　　　　　⊙　　　　　🐦

📍

☰

H

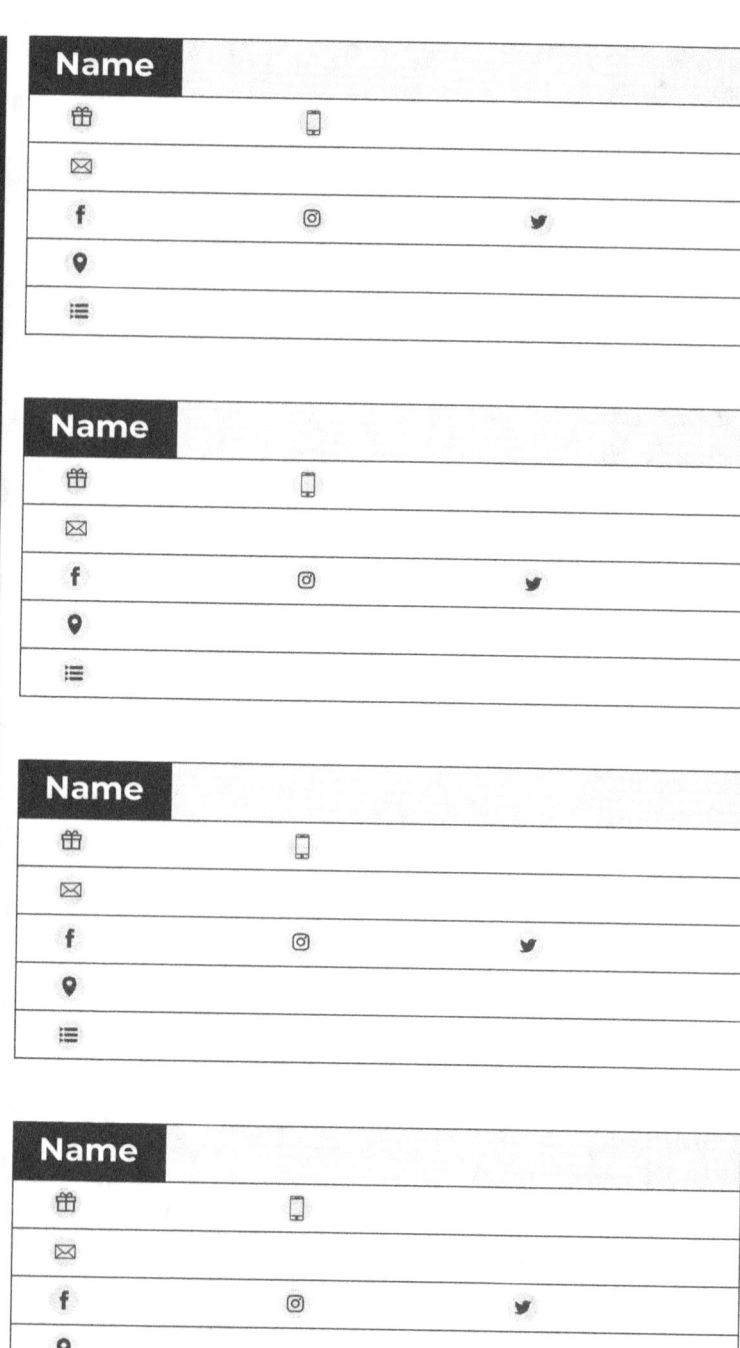

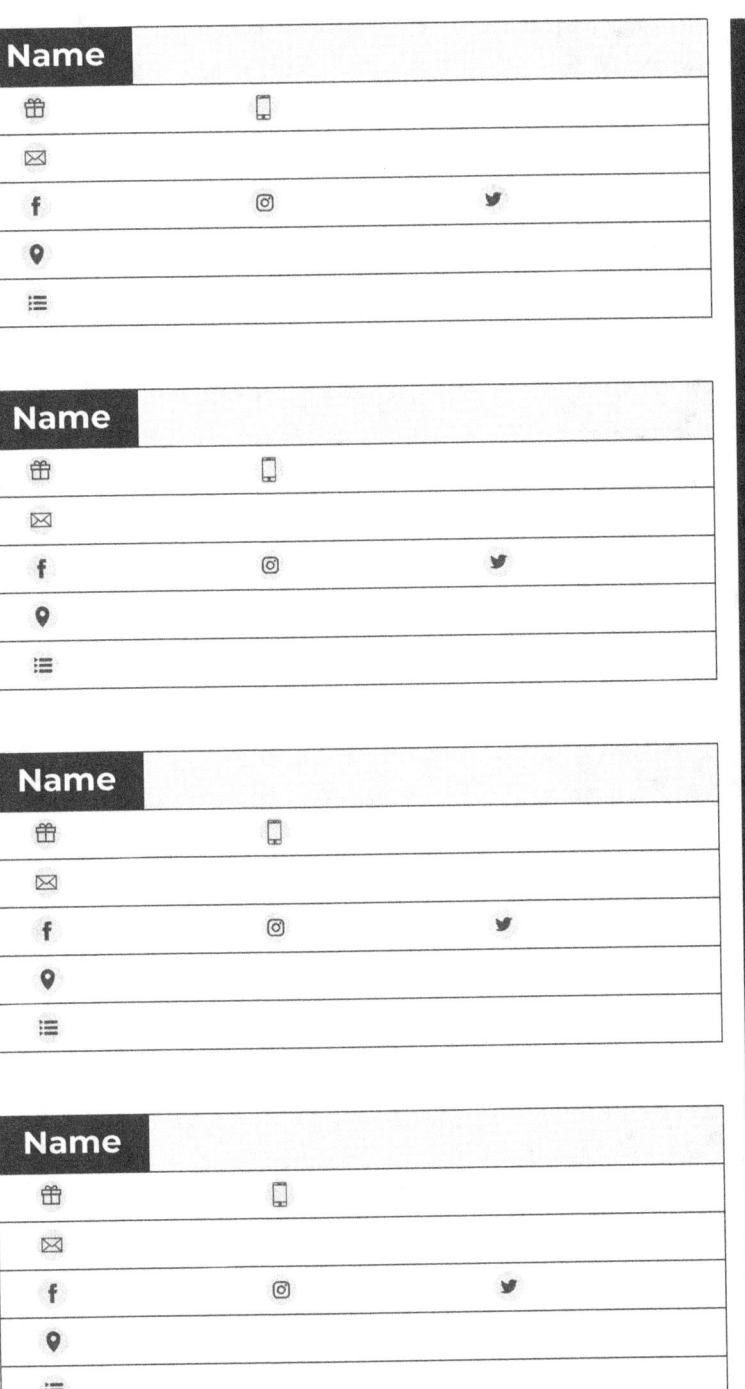

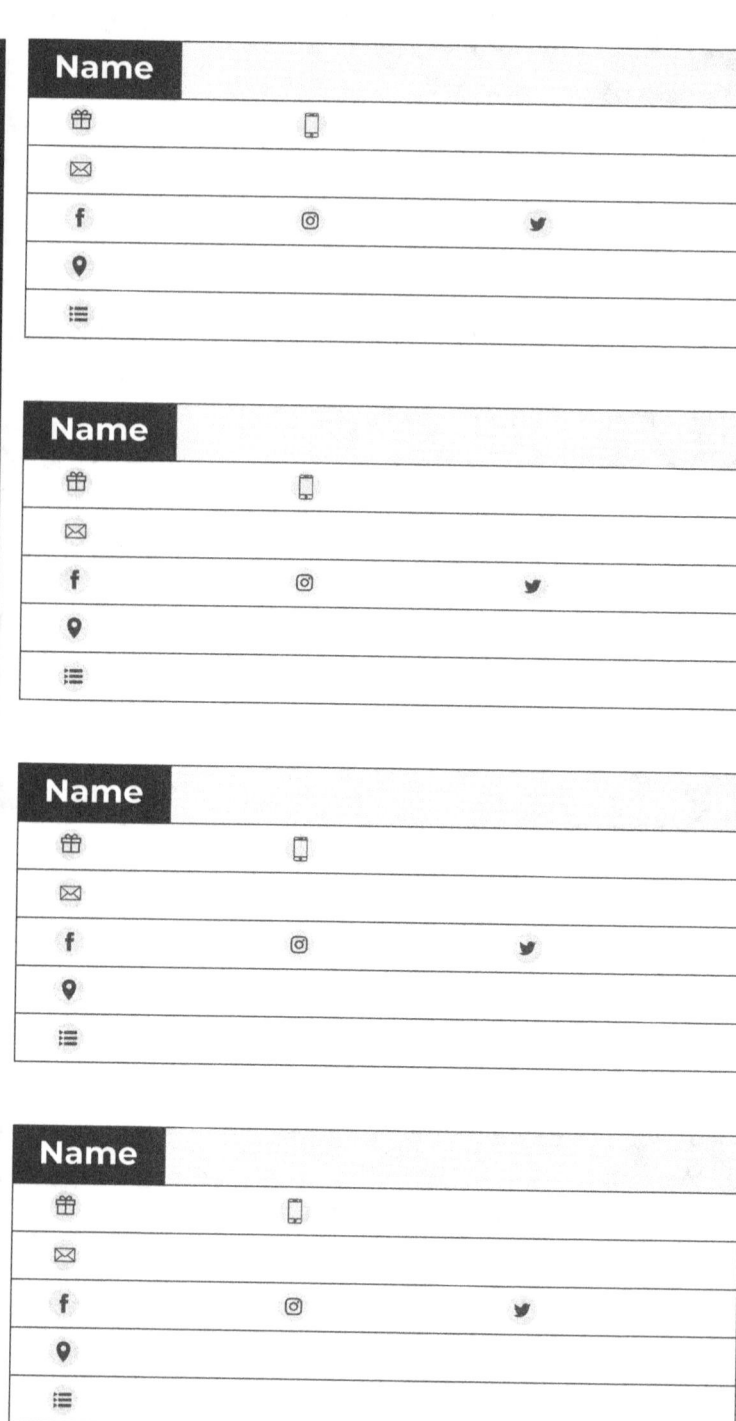

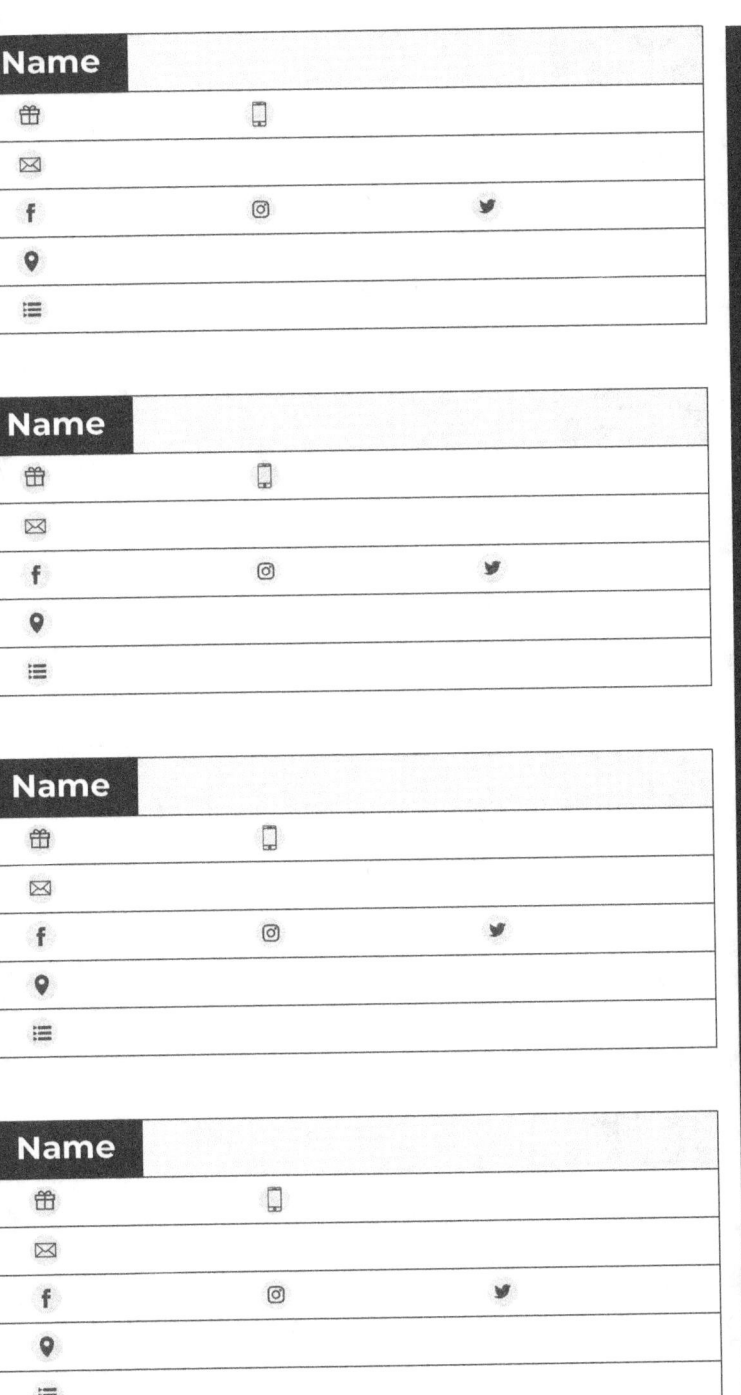

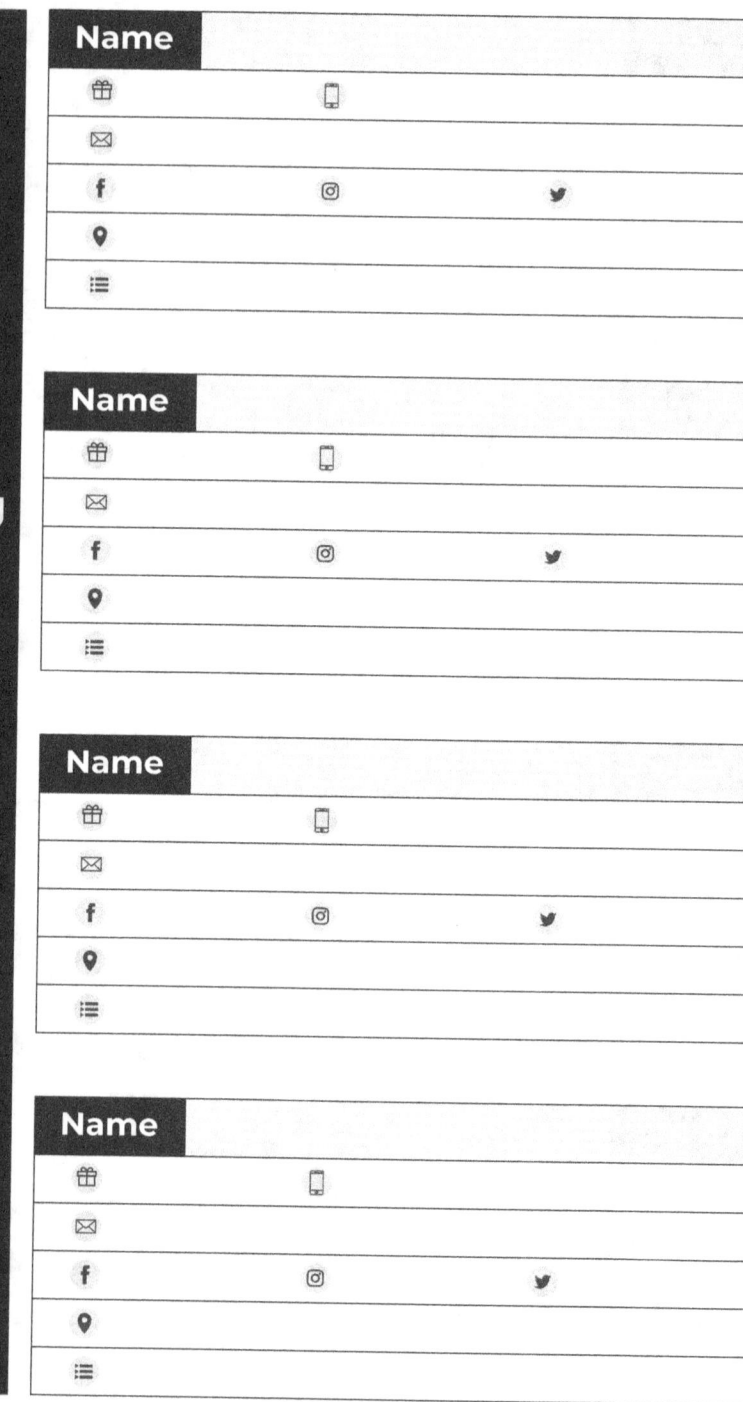

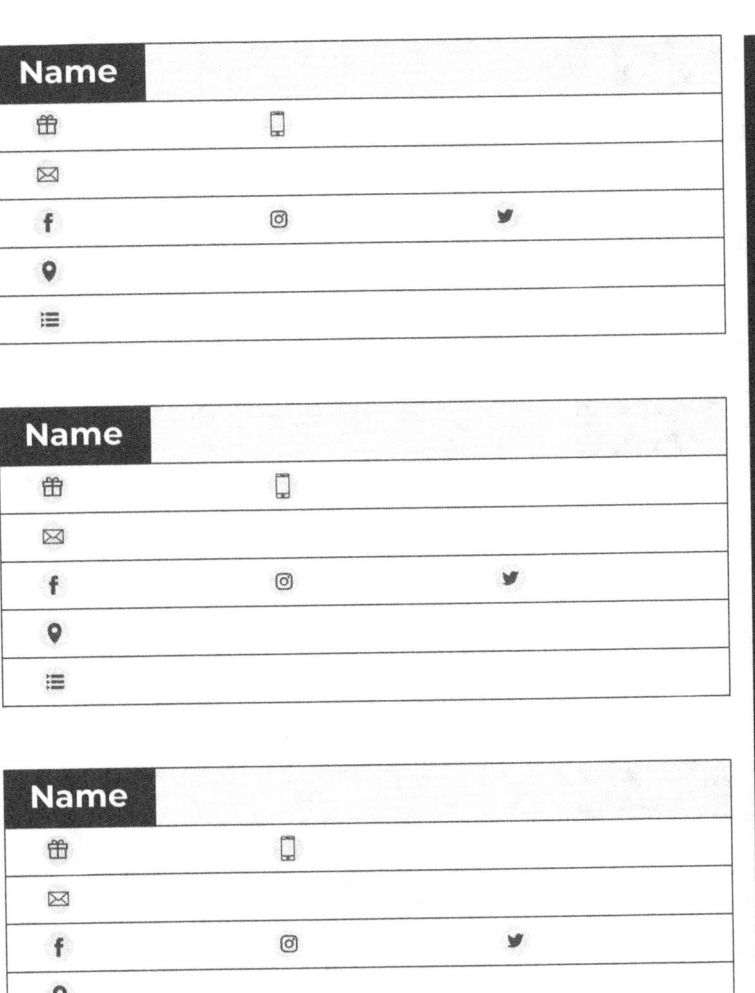

Name

🎁 📱

✉️

f ⊙ 🐦

📍

☰

Name

🎁 📱

✉️

f ⊙ 🐦

📍

☰

Name

🎁 📱

✉️

f ⊙ 🐦

📍

☰

Name

🎁 📱

✉️

f ⊙ 🐦

📍

☰

J

J

Name	
🎁	📱
✉	
f	⊙	🐦
📍	
≣	

Name	
🎁	📱
✉	
f	⊙	🐦
📍	
≣	

Name	
🎁	📱
✉	
f	⊙	🐦
📍	
≣	

Name	
🎁	📱
✉	
f	⊙	🐦
📍	
≣	

Name

🎁　　　　　　📱

✉

f　　　　　📷　　　　　🐦

📍

≡

Name

🎁　　　　　　📱

✉

f　　　　　📷　　　　　🐦

📍

≡

J

Name

🎁　　　　　　📱

✉

f　　　　　📷　　　　　🐦

📍

≡

Name

🎁　　　　　　📱

✉

f　　　　　📷　　　　　🐦

📍

≡

K

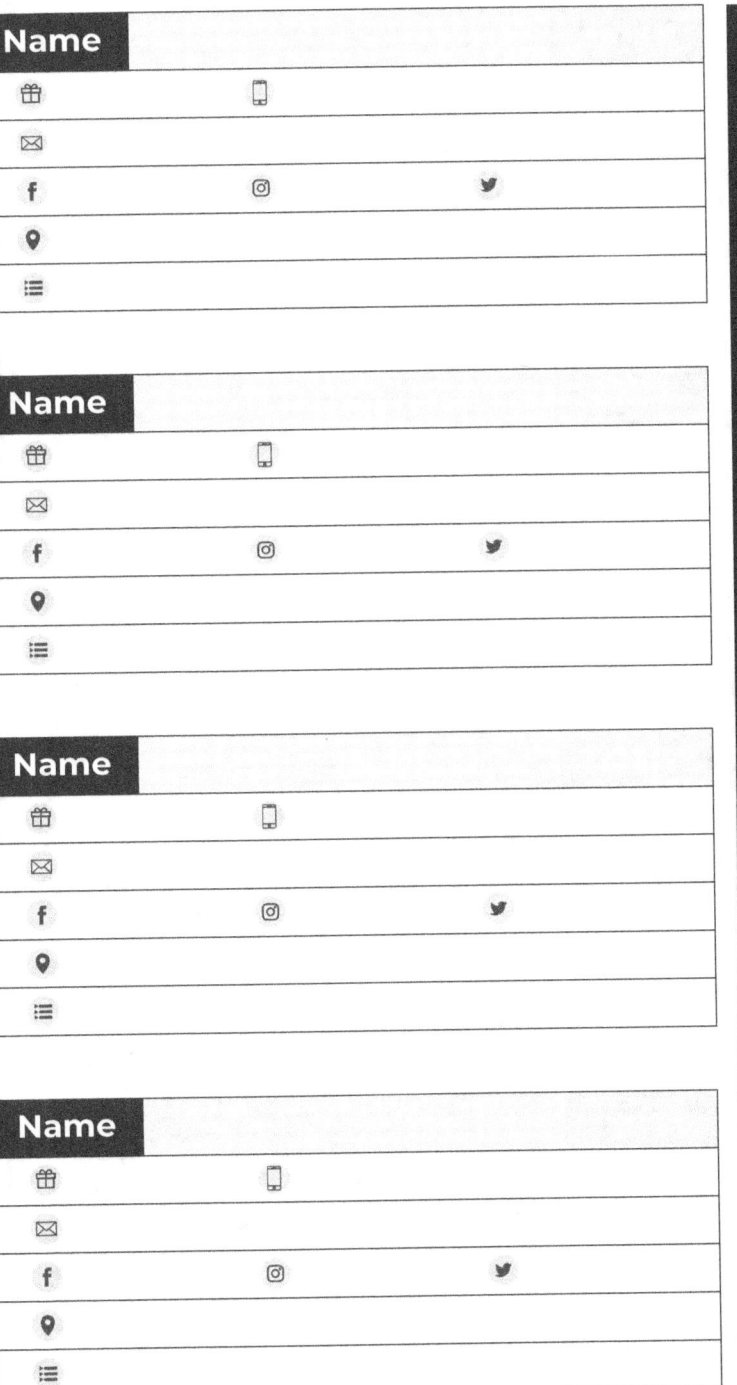

K

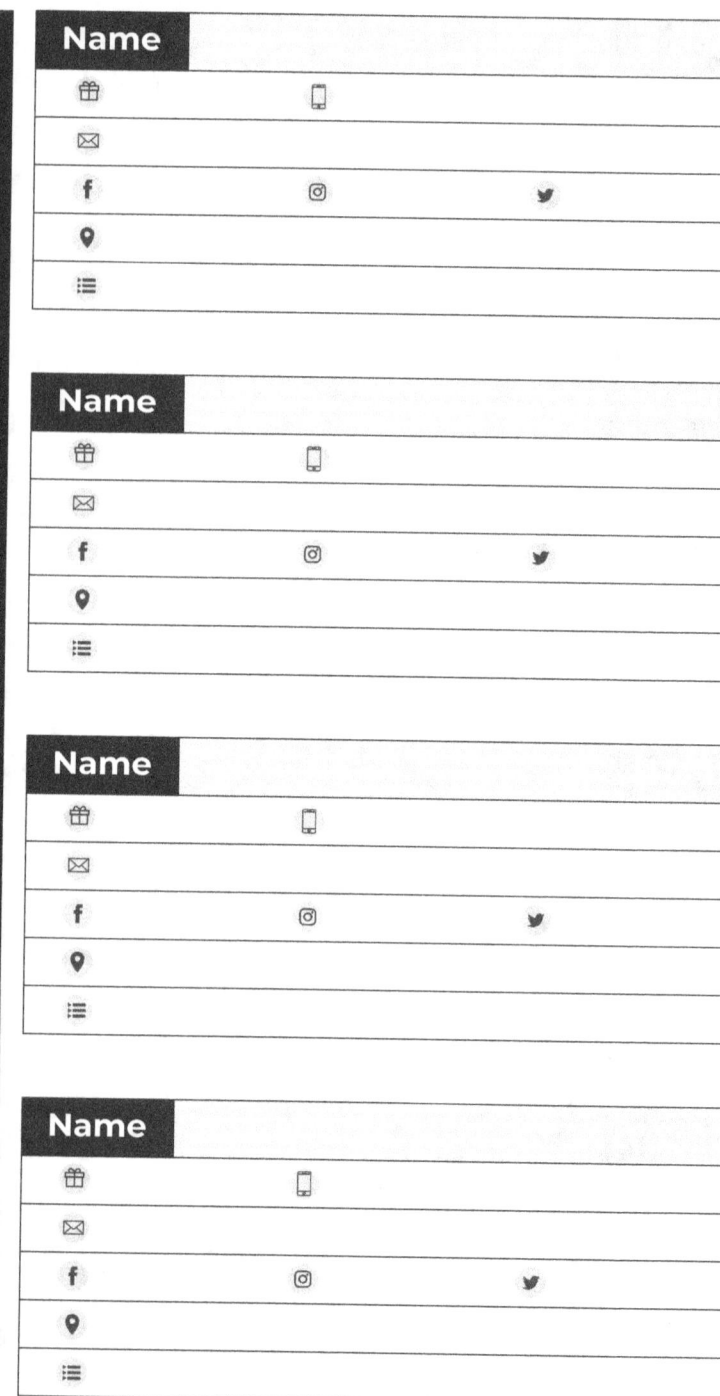

Name

🎁   📱

✉️

f   ⓘ   🐦

📍

☰

Name

🎁   📱

✉️

f   ⓘ   🐦

📍

☰

K

Name

🎁   📱

✉️

f   ⓘ   🐦

📍

☰

Name

🎁   📱

✉️

f   ⓘ   🐦

📍

☰

L

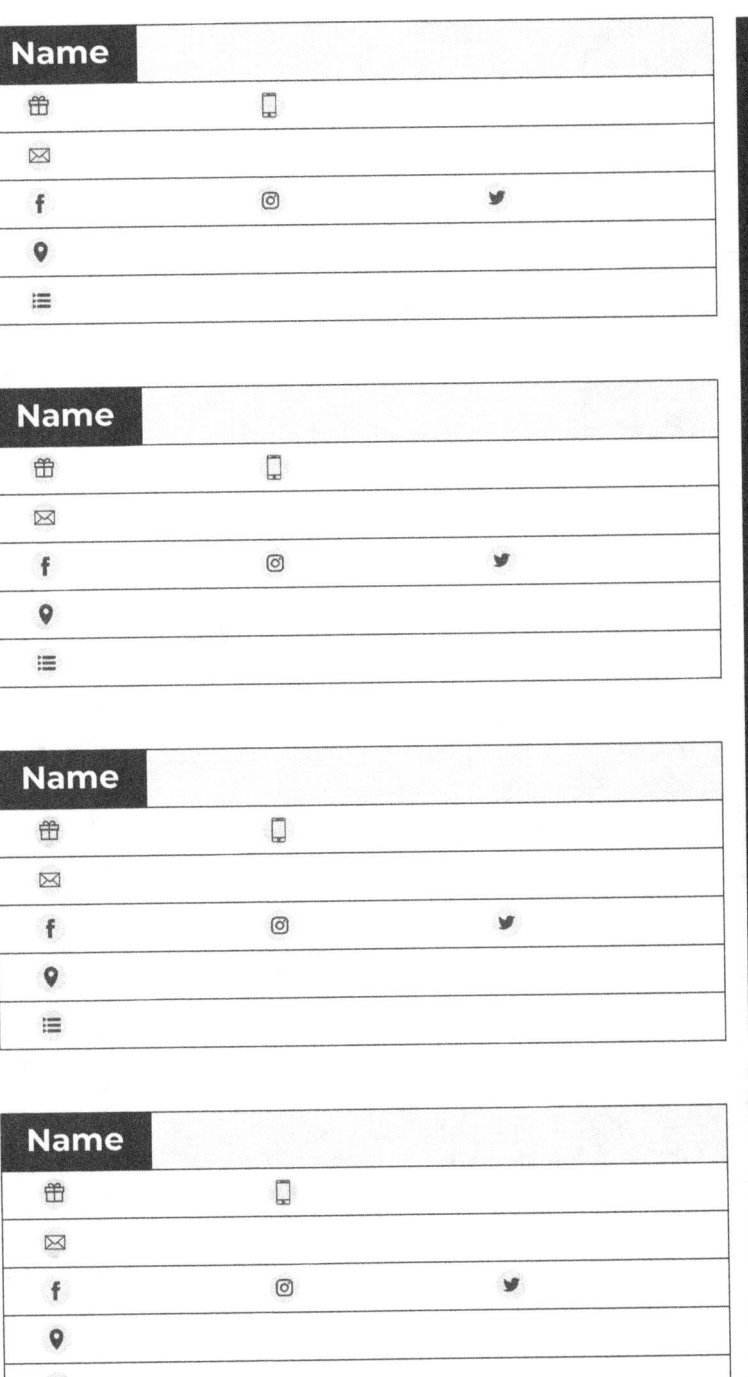

L

Name

🎁　　　　　　📱

✉

f　　　　　📷　　　　🐦

📍

≡

Name

🎁　　　　　　📱

✉

f　　　　　📷　　　　🐦

📍

≡

Name

🎁　　　　　　📱

✉

f　　　　　📷　　　　🐦

📍

≡

Name

🎁　　　　　　📱

✉

f　　　　　📷　　　　🐦

📍

≡

L

M

Name

🎁   📱

✉️

f   📷   🐦

📍

☰

Name

🎁   📱

✉️

f   📷   🐦

📍

☰

Name

🎁   📱

✉️

f   📷   🐦

📍

☰

Name

🎁   📱

✉️

f   📷   🐦

📍

☰

Name	
🎁	📱
✉	
f	ⓘ 🐦
📍	
☰	

M

M

Name
- 🎁 　　　📱
- ✉
- f　　　◎　　　🐦
- 📍
- ☰

Name
- 🎁 　　　📱
- ✉
- f　　　◎　　　🐦
- 📍
- ☰

Name
- 🎁 　　　📱
- ✉
- f　　　◎　　　🐦
- 📍
- ☰

Name
- 🎁 　　　📱
- ✉
- f　　　◎　　　🐦
- 📍
- ☰

N

Name

🎁	📱
✉	
f	⊙	🐦
📍	
☰	

Name

🎁	📱
✉	
f	⊙	🐦
📍	
☰	

Name

🎁	📱
✉	
f	⊙	🐦
📍	
☰	

Name

🎁	📱
✉	
f	⊙	🐦
📍	
☰	

Name

🎁   📱

✉️

f   📷   🐦

📍

☰

Name

🎁   📱

✉️

f   📷   🐦

📍

☰

Name

🎁   📱

✉️

f   📷   🐦

📍

☰

Name

🎁   📱

✉️

f   📷   🐦

📍

☰

N

N

Name
🎁 📱
✉
f ⊙ 🐦
📍
☰

Name
🎁 📱
✉
f ⊙ 🐦
📍
☰

Name
🎁 📱
✉
f ⊙ 🐦
📍
☰

Name
🎁 📱
✉
f ⊙ 🐦
📍
☰

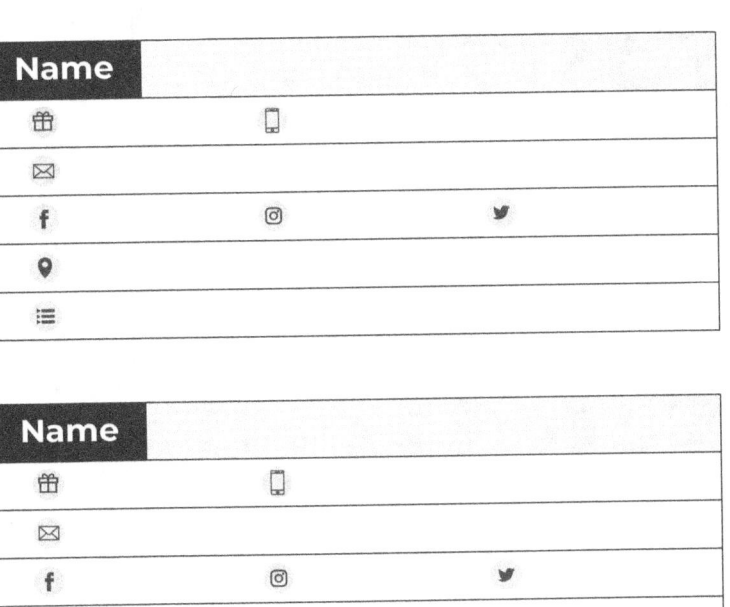

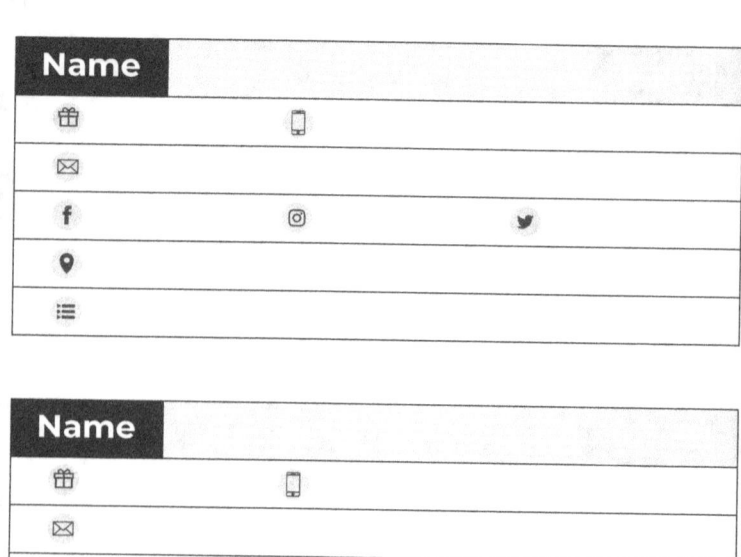

Name	
🎁	📱
✉	
f	ⓘ	🐦
📍	
≣	

Name	
🎁	📱
✉	
f	ⓘ	🐦
📍	
≣	

Name	
🎁	📱
✉	
f	ⓘ	🐦
📍	
≣	

Name	
🎁	📱
✉	
f	ⓘ	🐦
📍	
≣	

Name

🎁　　　　　📱

✉️

f　　　　　📷　　　　　🐦

📍

☰

Name

🎁　　　　　📱

✉️

f　　　　　📷　　　　　🐦

📍

☰

Name

🎁　　　　　📱

✉️

f　　　　　📷　　　　　🐦

📍

☰

Name

🎁　　　　　📱

✉️

f　　　　　📷　　　　　🐦

📍

☰

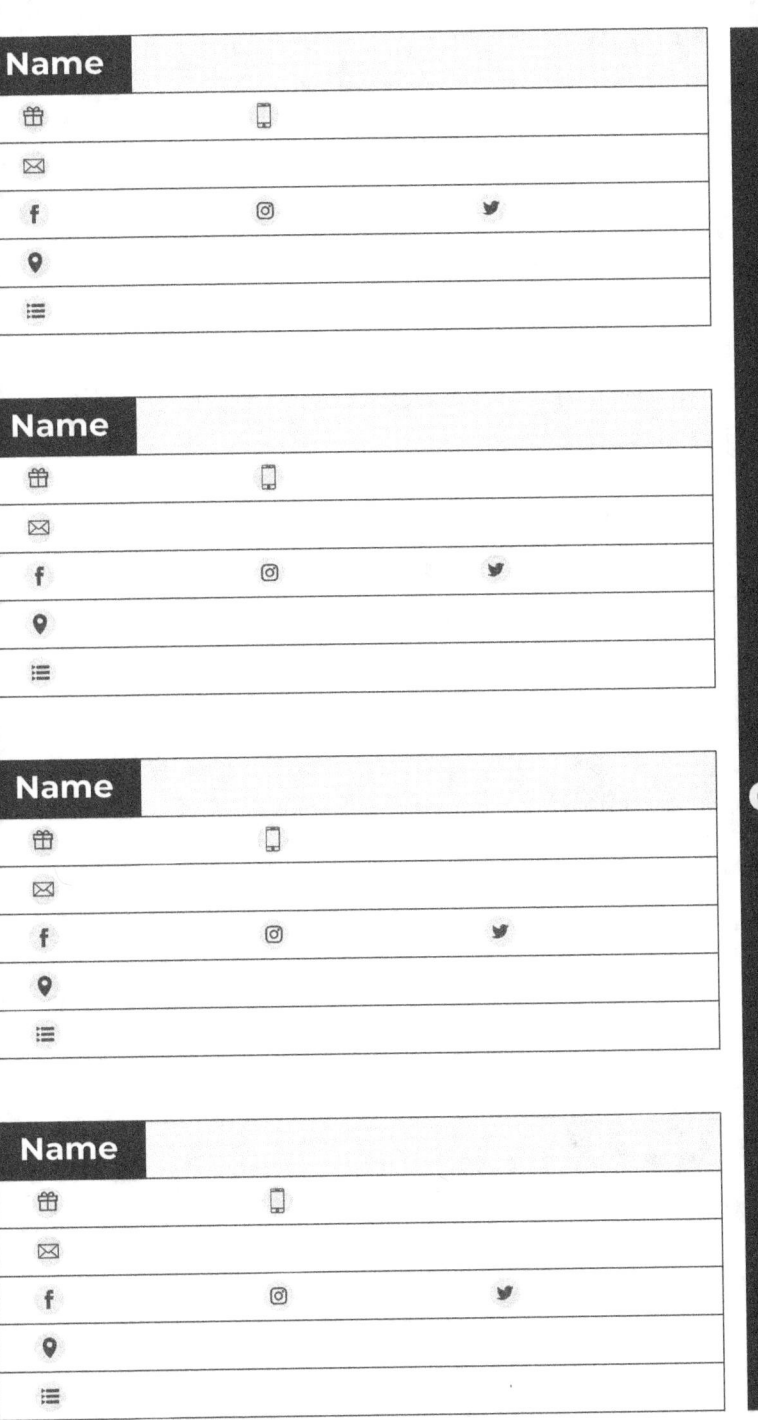

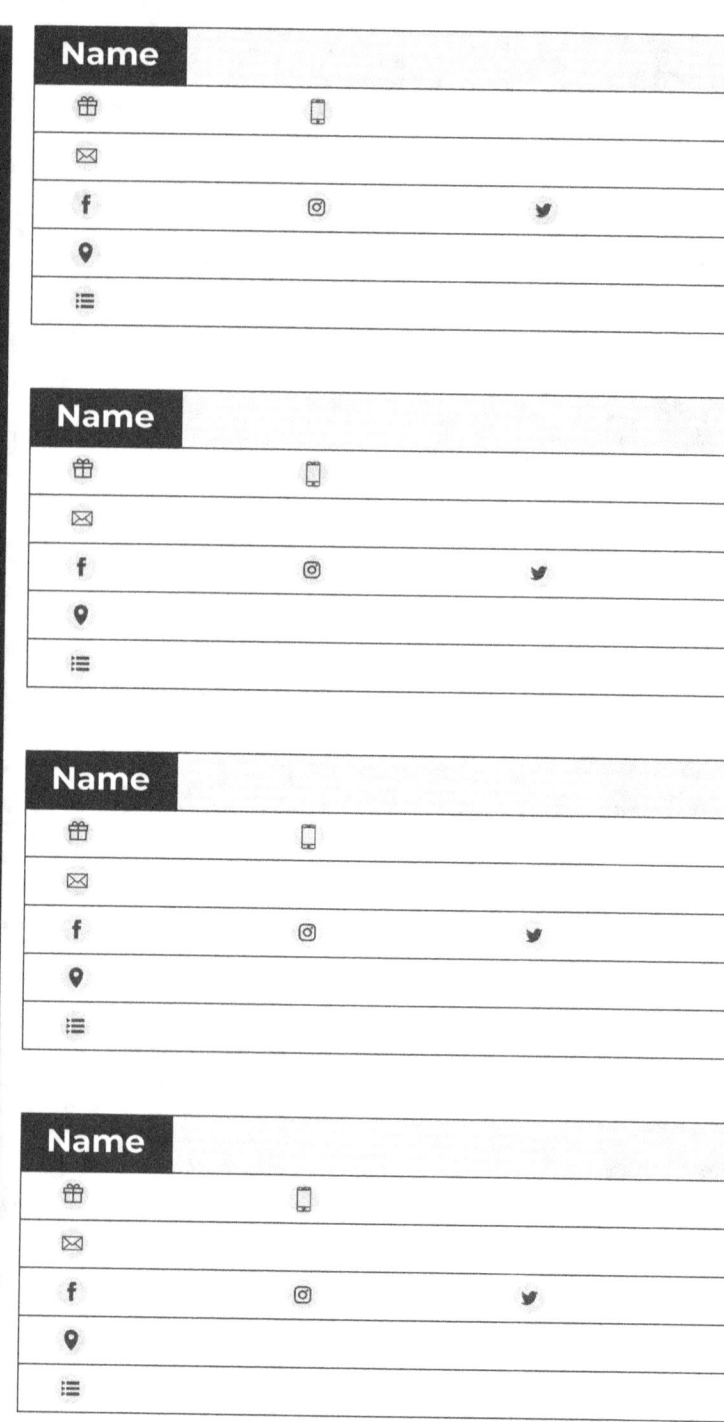

P

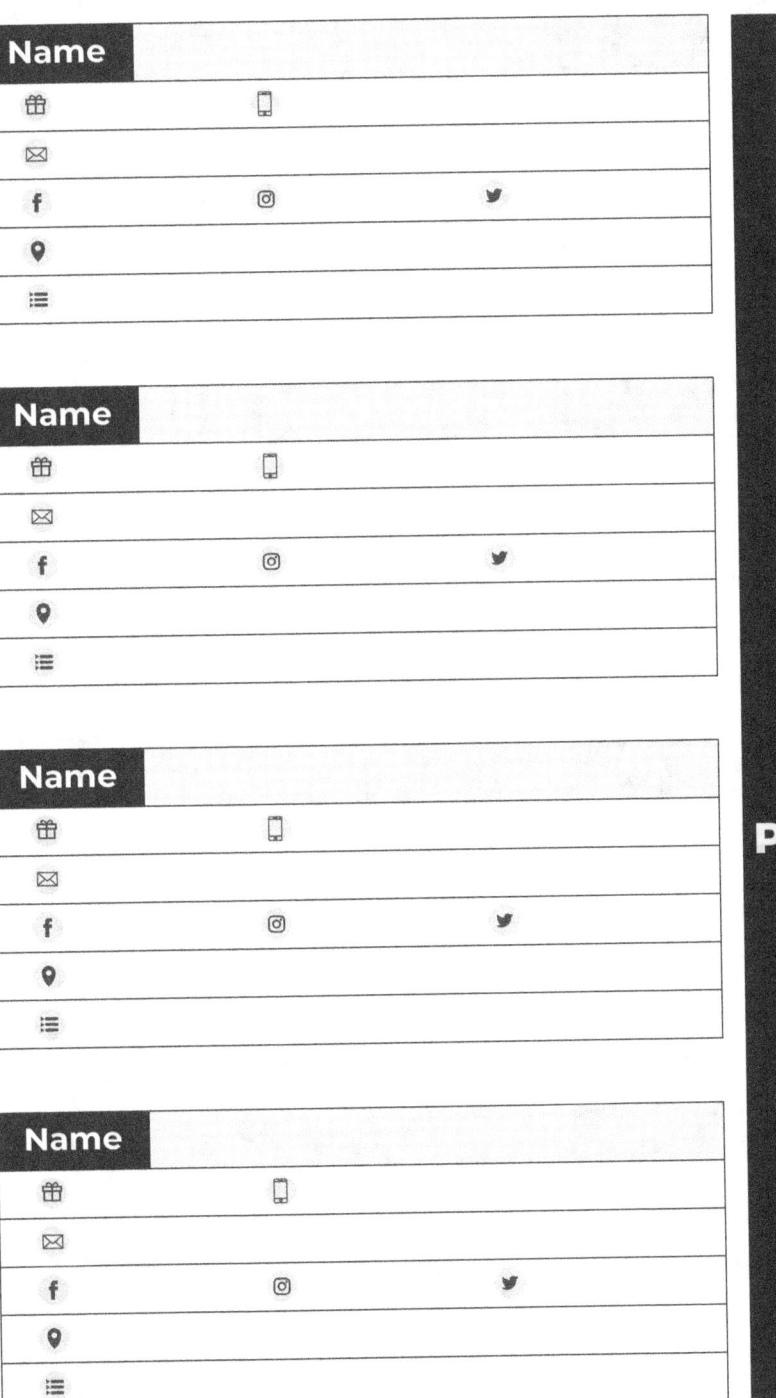

P

P

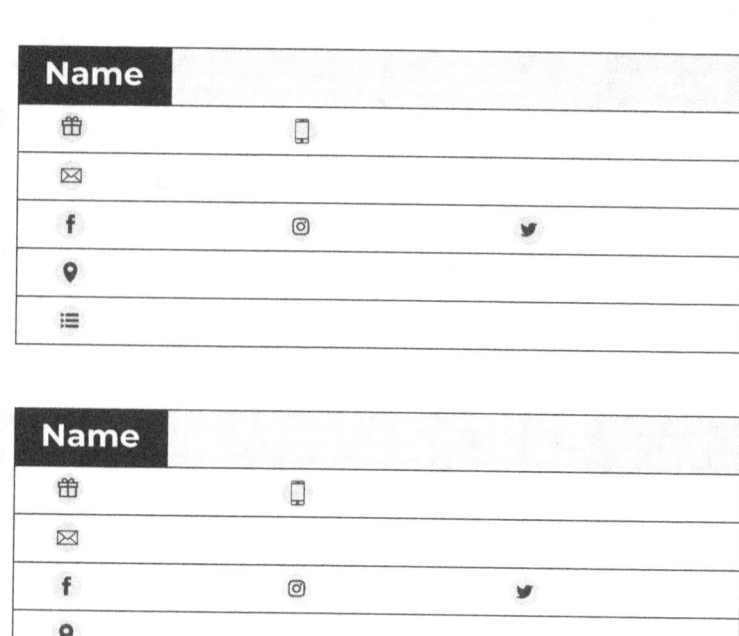

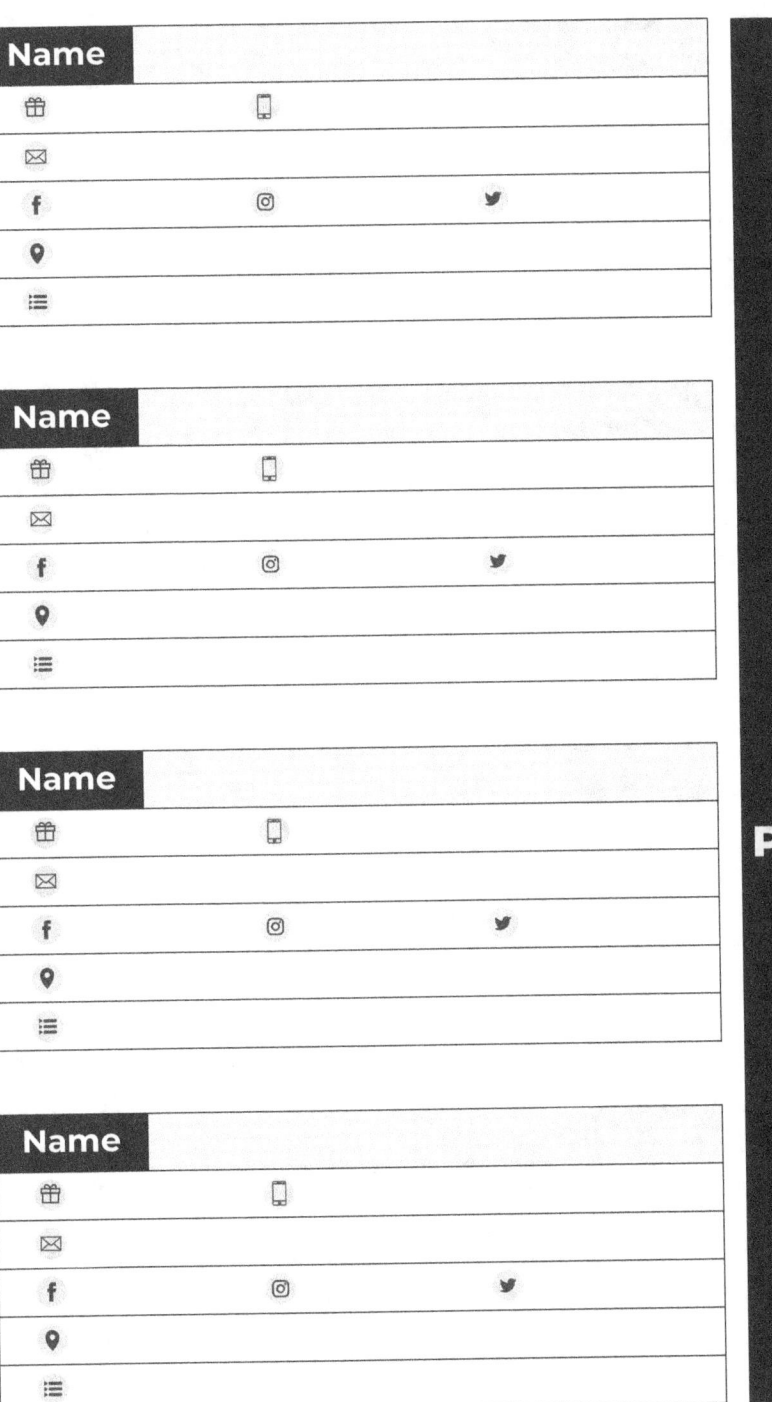

Q

Name

🎁   📱

✉️

f   📷   🐦

📍

☰

Name

🎁   📱

✉️

f   📷   🐦

📍

☰

Name

🎁   📱

✉️

f   📷   🐦

📍

☰

Name

🎁   📱

✉️

f   📷   🐦

📍

☰

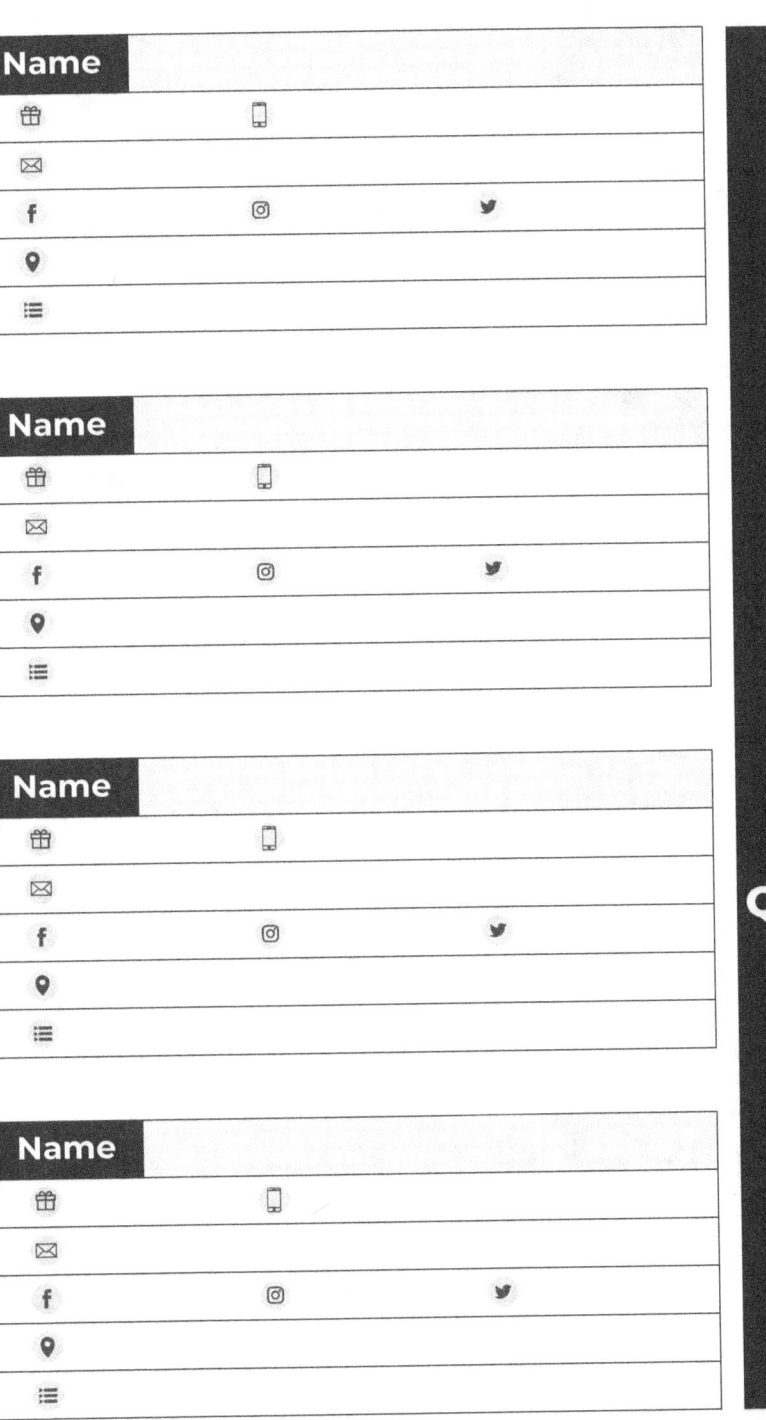

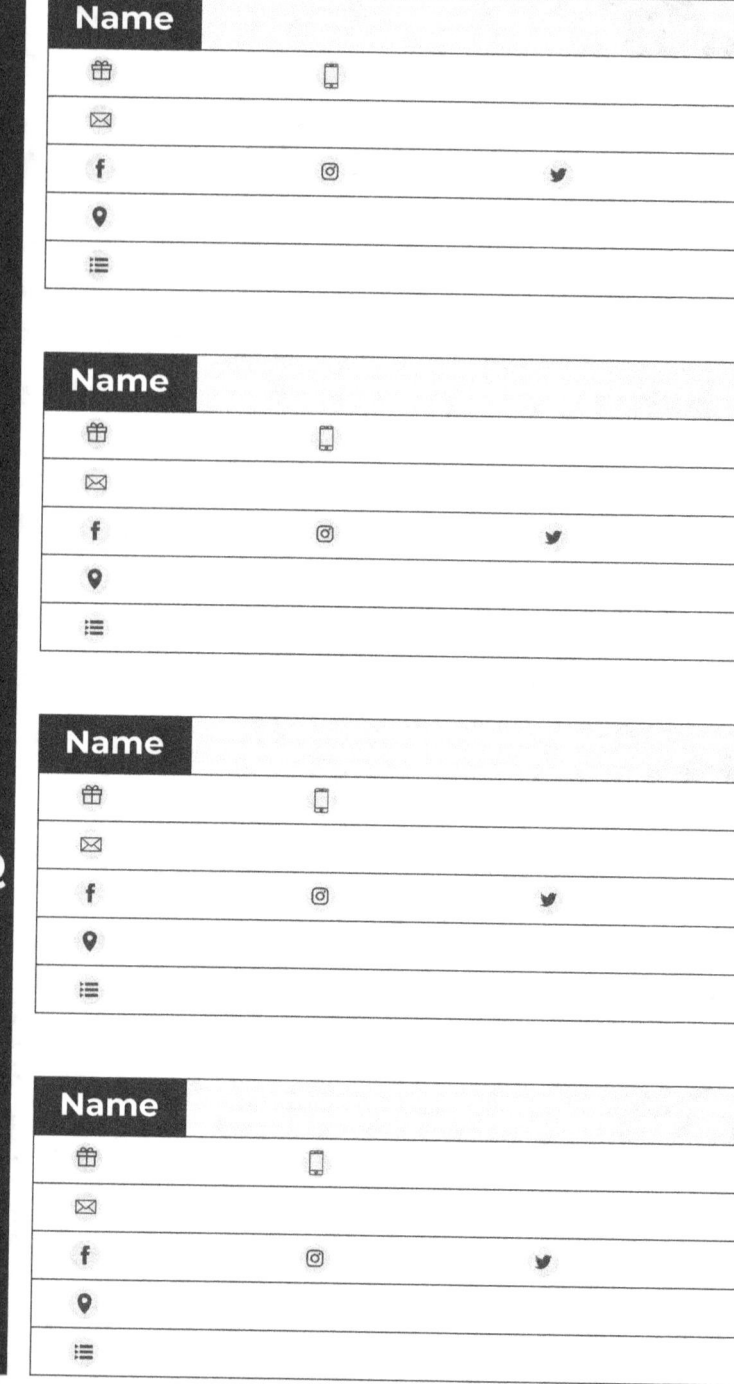

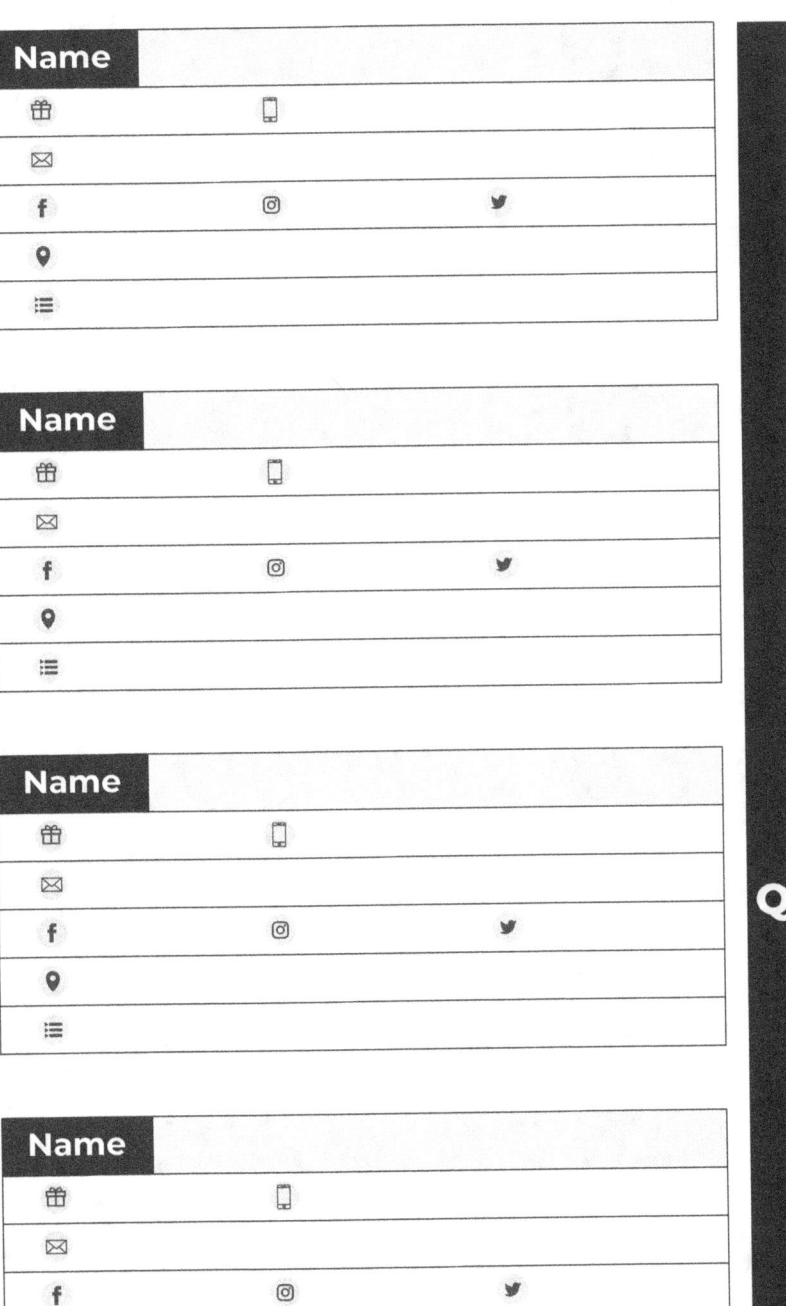

R

Name	
🎁	📱
✉	
f	ⓘ 🐦
📍	
☰	

Name	
🎁	📱
✉	
f	ⓘ 🐦
📍	
☰	

Name	
🎁	📱
✉	
f	ⓘ 🐦
📍	
☰	

Name	
🎁	📱
✉	
f	ⓘ 🐦
📍	
☰	

Name

Name

Name

R

Name

R

Name	
🎁	📱
✉️	
f	ⓘ	🐦
📍	
≡	

Name	
🎁	📱
✉️	
f	ⓘ	🐦
📍	
≡	

Name	
🎁	📱
✉️	
f	ⓘ	🐦
📍	
≡	

Name	
🎁	📱
✉️	
f	ⓘ	🐦
📍	
≡	

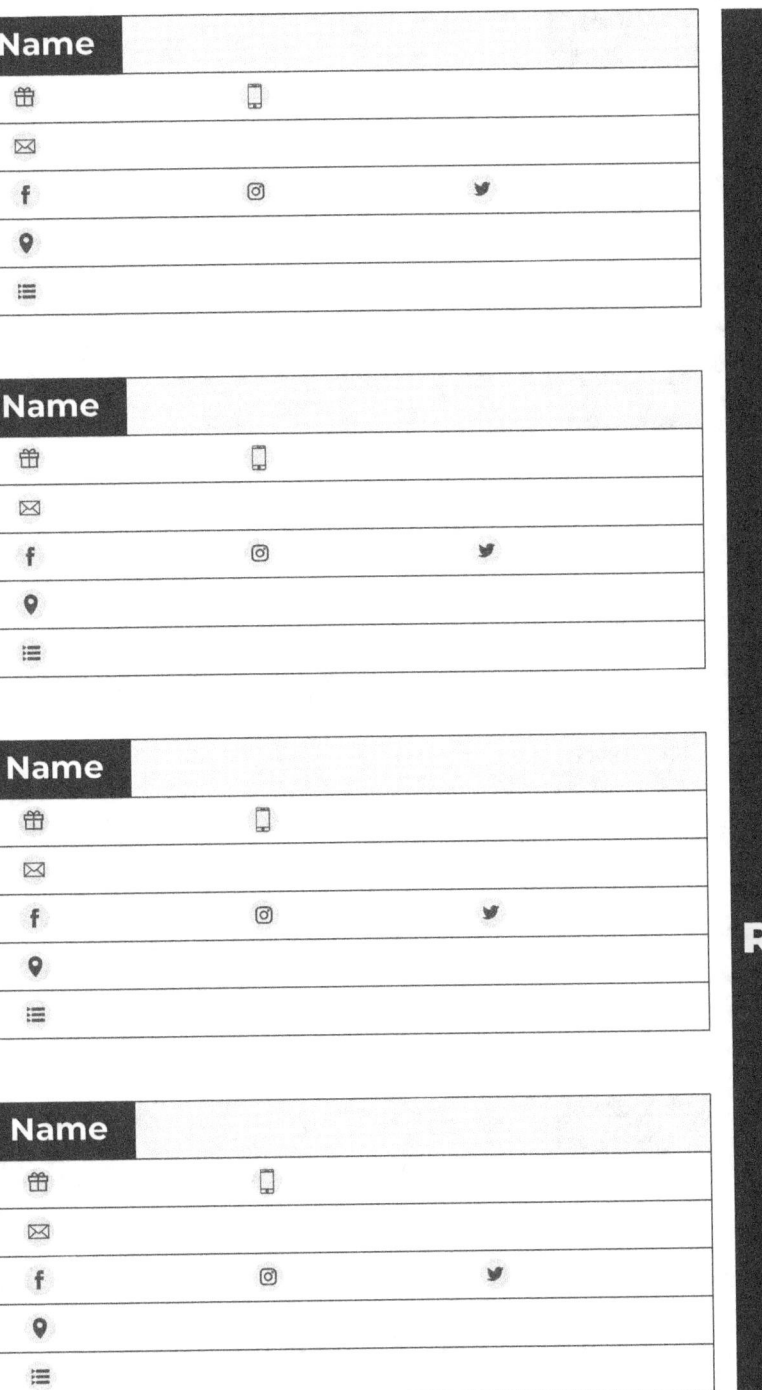

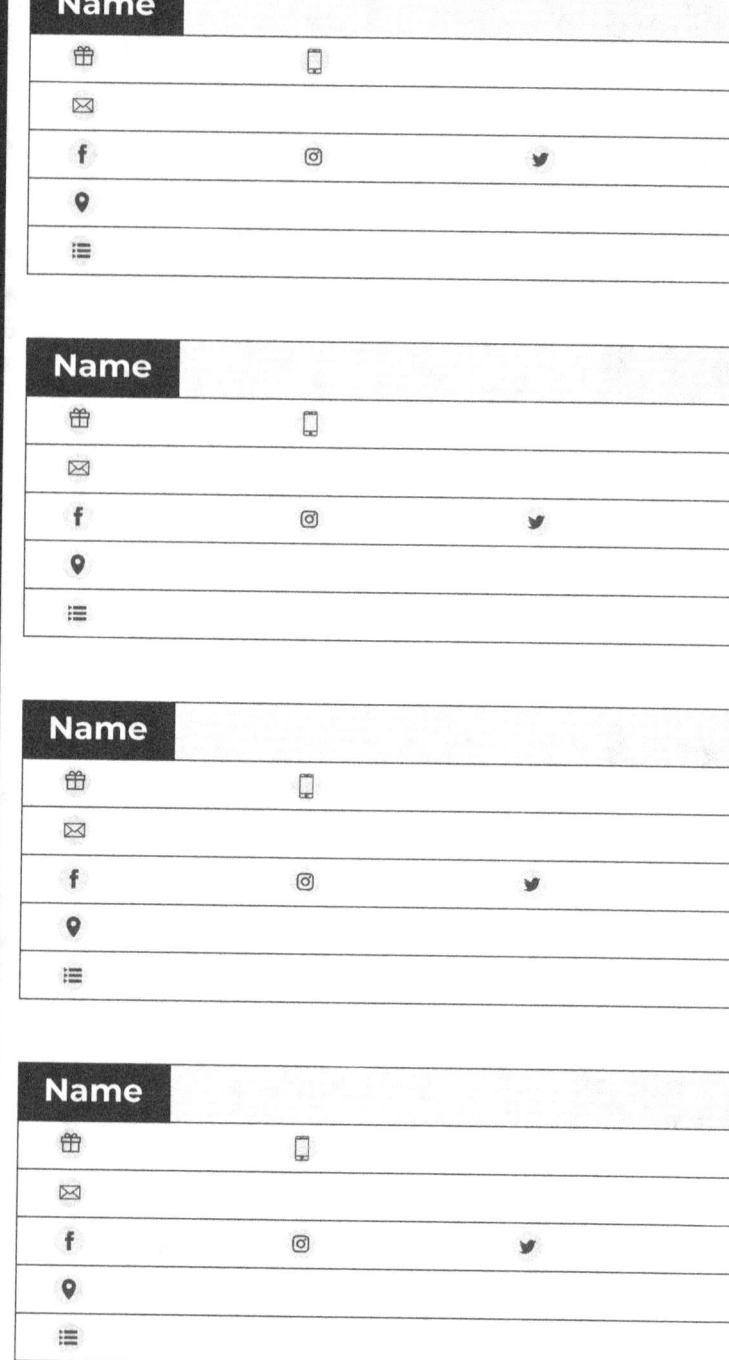

Name

🎁　　　　　📱

✉

f　　　　　📷　　　　　🐦

📍

☰

Name

🎁　　　　　📱

✉

f　　　　　📷　　　　　🐦

📍

☰

Name

🎁　　　　　📱

✉

f　　　　　📷　　　　　🐦

📍

☰

Name

🎁　　　　　📱

✉

f　　　　　📷　　　　　🐦

📍

☰

S

Name

🎁	📱
✉️	
f	📷	🐦
📍	
☰	

Name

🎁	📱
✉️	
f	📷	🐦
📍	
☰	

Name

🎁	📱
✉️	
f	📷	🐦
📍	
☰	

Name

🎁	📱
✉️	
f	📷	🐦
📍	
☰	

S

S

Name

🎁   📱

✉️

f   📷   🐦

📍

≡

Name

🎁   📱

✉️

f   📷   🐦

📍

≡

Name

🎁   📱

✉️

f   📷   🐦

📍

≡

T

Name

🎁   📱

✉️

f   📷   🐦

📍

≡

Name

🎁   📱

✉️

f   📷   🐦

📍

☰

Name

🎁   📱

✉️

f   📷   🐦

📍

☰

Name

🎁   📱

✉️

f   📷   🐦

📍

☰

T

Name

🎁   📱

✉️

f   📷   🐦

📍

☰

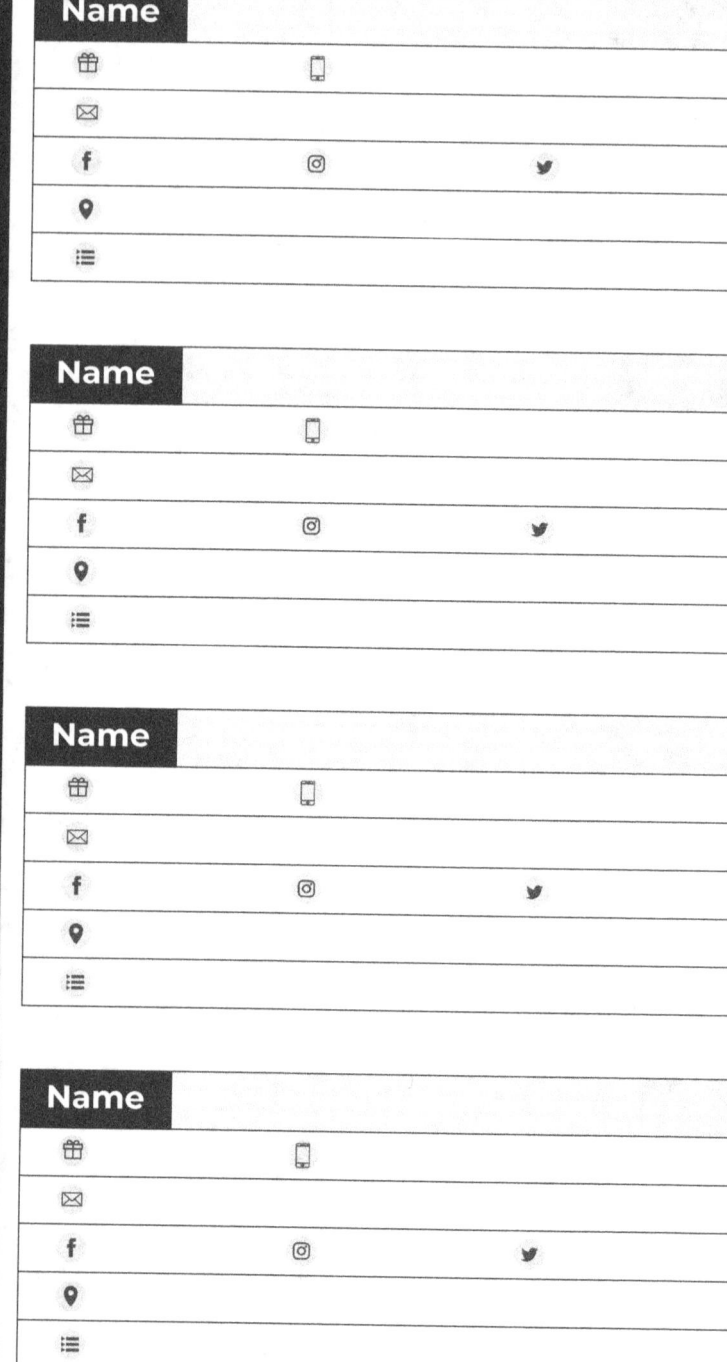

U

Name	
🎁	📱
✉️	
f	⊙ 🐦
📍	
≡	

Name	
🎁	📱
✉️	
f	⊙ 🐦
📍	
≡	

Name	
🎁	📱
✉️	
f	⊙ 🐦
📍	
≡	

Name	
🎁	📱
✉️	
f	⊙ 🐦
📍	
≡	

U

U

Name
- 🎁 📱
- ✉
- f ⊙ 🐦
- 📍
- ≡

Name
- 🎁 📱
- ✉
- f ⊙ 🐦
- 📍
- ≡

Name
- 🎁 📱
- ✉
- f ⊙ 🐦
- 📍
- ≡

Name
- 🎁 📱
- ✉
- f ⊙ 🐦
- 📍
- ≡

Name

🎁 📱

✉️

f 📷 🐦

📍

☰

Name

🎁 📱

✉️

f 📷 🐦

📍

☰

Name

🎁 📱

✉️

f 📷 🐦

📍

☰

U

Name

🎁 📱

✉️

f 📷 🐦

📍

☰

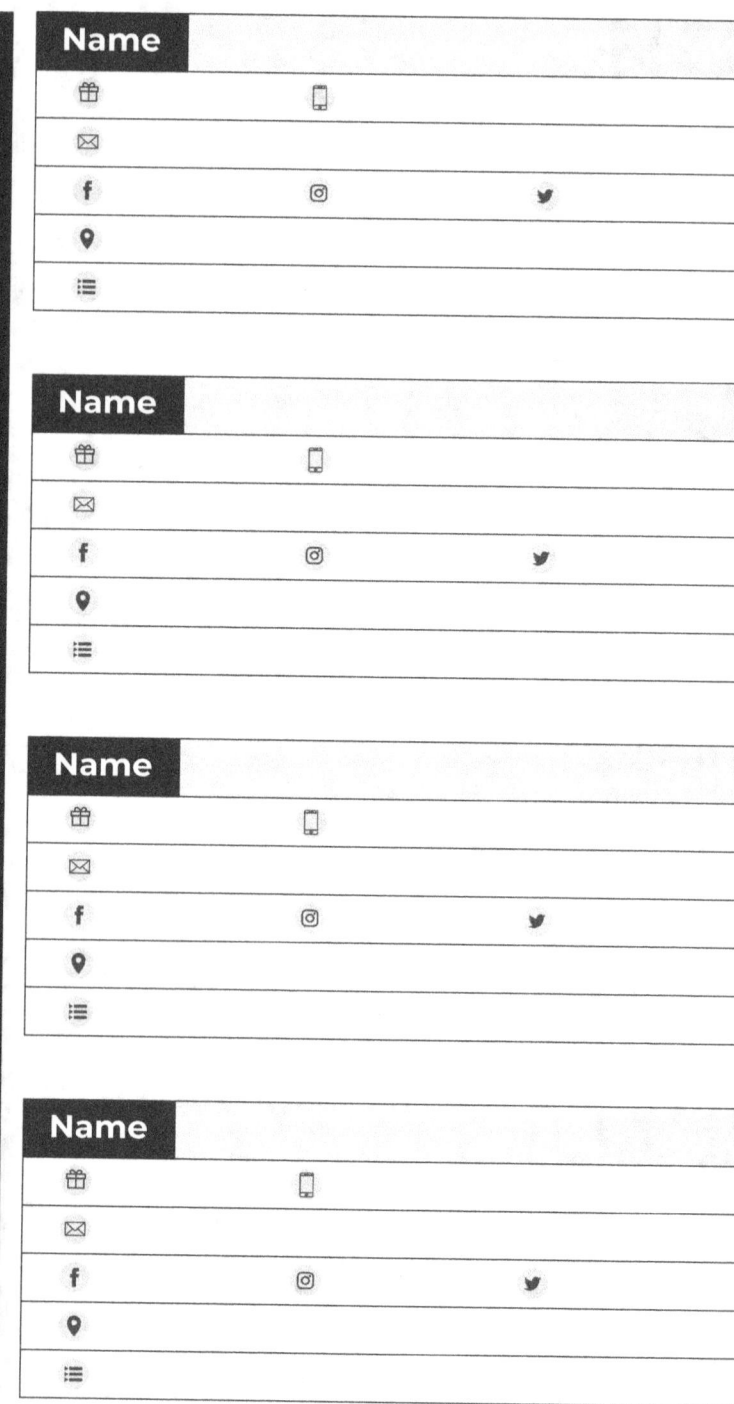

Name

🎁　　　　　📱

✉️

f　　　　　📷　　　　　🐦

📍

☰

Name

🎁　　　　　📱

✉️

f　　　　　📷　　　　　🐦

📍

☰

Name

🎁　　　　　📱

✉️

f　　　　　📷　　　　　🐦

📍

☰

Name

🎁　　　　　📱

✉️

f　　　　　📷　　　　　🐦

📍

☰

V

V

Name

🎁   📱

✉️

f   ⭕   🐦

📍

☰

Name

🎁   📱

✉️

f   ⭕   🐦

📍

☰

Name

🎁   📱

✉️

f   ⭕   🐦

📍

☰

Name

🎁   📱

✉️

f   ⭕   🐦

📍

☰

Name

🎁	📱
✉	
f	ⓘ	🐦
📍	
☰	

V

Name	
🎁	📱
✉	
f	⊙ 🐦
📍	
≡	

Name	
🎁	📱
✉	
f	⊙ 🐦
📍	
≡	

Name	
🎁	📱
✉	
f	⊙ 🐦
📍	
≡	

Name	
🎁	📱
✉	
f	⊙ 🐦
📍	
≡	

Name

🎁   📱

✉

f   ⓘ   🐦

📍

☰

Name

🎁   📱

✉

f   ⓘ   🐦

📍

☰

Name

🎁   📱

✉

f   ⓘ   🐦

📍

☰

Name

🎁   📱

✉

f   ⓘ   🐦

📍

☰

W

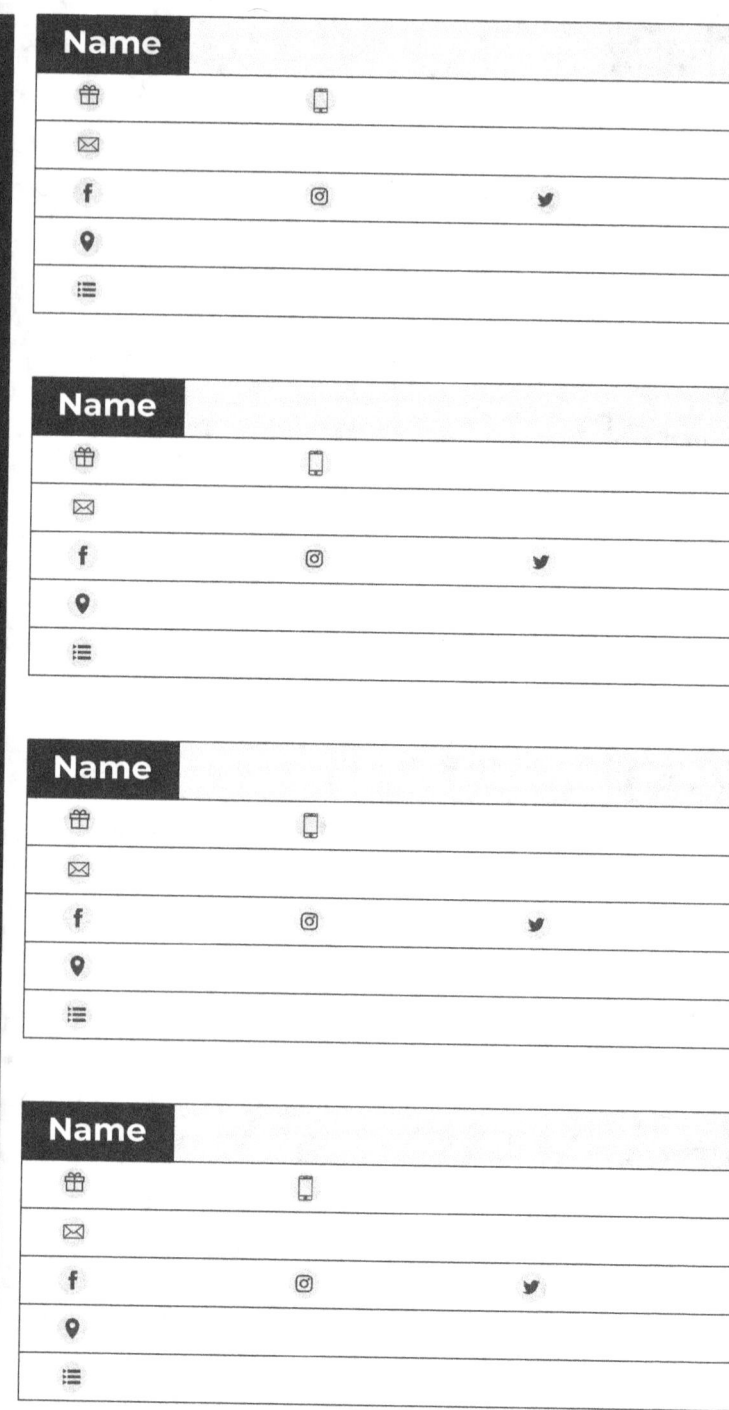

Name

🎁   📱

✉️

f   📷   🐦

📍

☰

Name

🎁   📱

✉️

f   📷   🐦

📍

☰

Name

🎁   📱

✉️

f   📷   🐦

📍

☰

Name

🎁   📱

✉️

f   📷   🐦

📍

☰

W

Name

🎁   📱

✉️

f   📷   🐦

📍

☰

Name

🎁   📱

✉️

f   📷   🐦

📍

☰

Name

🎁   📱

✉️

f   📷   🐦

📍

☰

Name

🎁   📱

✉️

f   📷   🐦

📍

☰

X

Name

🎁   📱

✉

f   ⊙   🐦

📍

☰

Name

🎁   📱

✉

f   ⊙   🐦

📍

☰

Name

🎁   📱

✉

f   ⊙   🐦

📍

☰

Name

🎁   📱

✉

f   ⊙   🐦

📍

☰

X

Name

🎁　　　　　　📱

✉️

f　　　　　　📷　　　　　　🐦

📍

☰

Name

🎁　　　　　　📱

✉️

f　　　　　　📷　　　　　　🐦

📍

☰

Name

🎁　　　　　　📱

✉️

f　　　　　　📷　　　　　　🐦

📍

☰

Name

🎁　　　　　　📱

✉️

f　　　　　　📷　　　　　　🐦

📍

☰

X

Name	
🎁	📱
✉	
f	ⓘ	🐦
📍	
≡	

Name	
🎁	📱
✉	
f	ⓘ	🐦
📍	
≡	

Name	
🎁	📱
✉	
f	ⓘ	🐦
📍	
≡	

Name	
🎁	📱
✉	
f	ⓘ	🐦
📍	
≡	

X

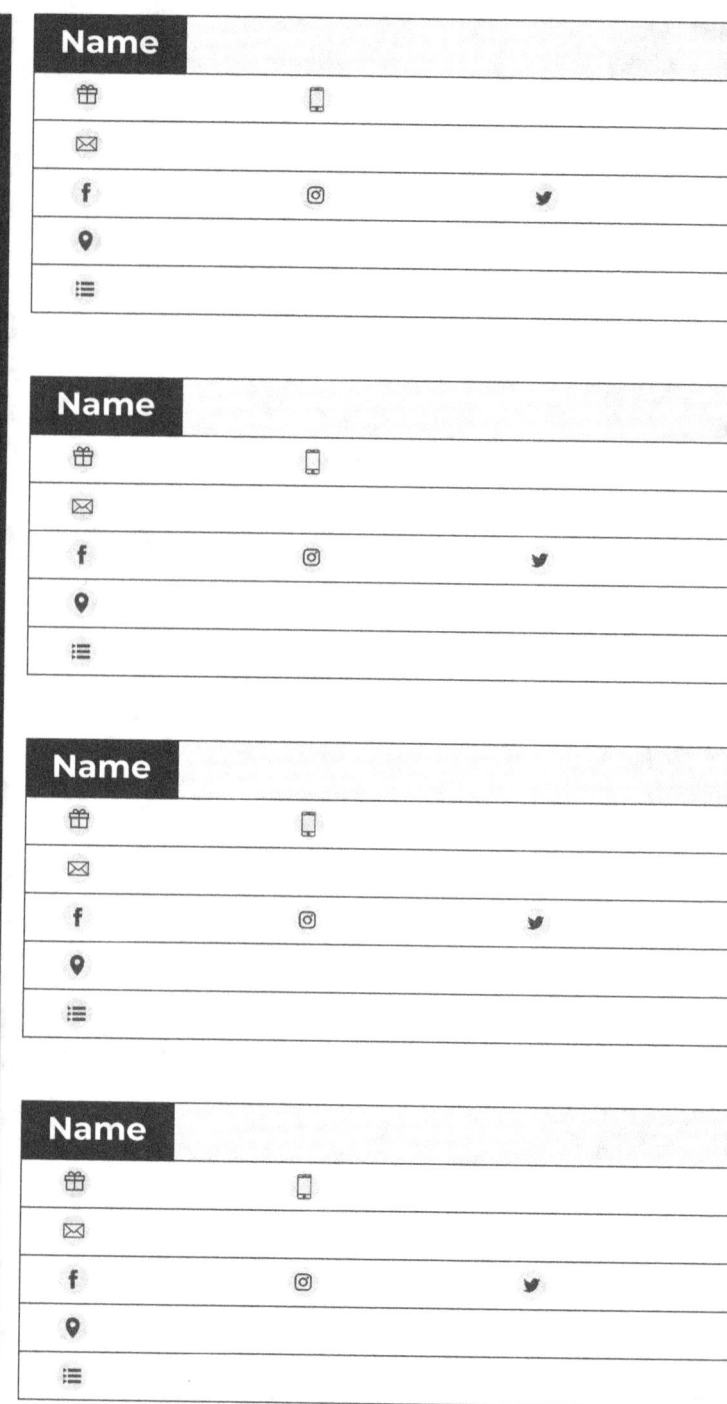

Y

Name

🎁　　　　　　　📱

✉

f　　　　　　📷　　　　　🐦

📍

≡

Name

🎁　　　　　　　📱

✉

f　　　　　　📷　　　　　🐦

📍

≡

Name

🎁　　　　　　　📱

✉

f　　　　　　📷　　　　　🐦

📍

≡

Name

🎁　　　　　　　📱

✉

f　　　　　　📷　　　　　🐦

📍

≡

Y

Y

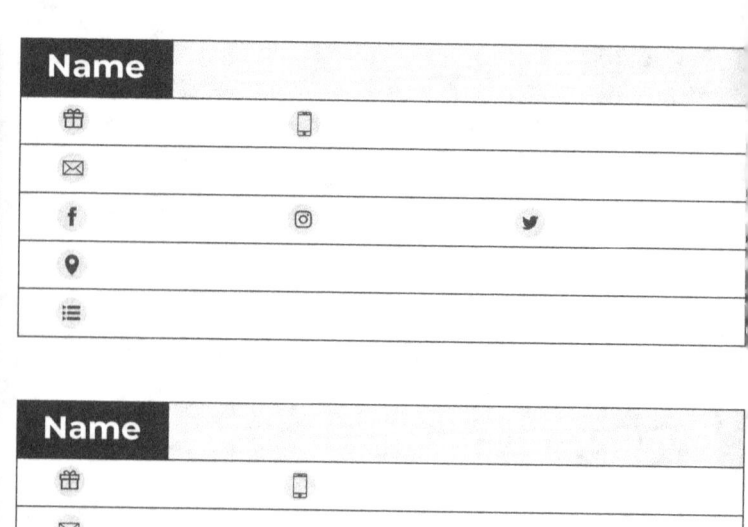

Name

🎁　　　　　　📱

✉️

f　　　　　📷　　　　🐦

📍

≡

Name

🎁　　　　　　📱

✉️

f　　　　　📷　　　　🐦

📍

≡

Name

🎁　　　　　　📱

✉️

f　　　　　📷　　　　🐦

📍

≡

Name

🎁　　　　　　📱

✉️

f　　　　　📷　　　　🐦

📍

≡

Y

Name

🎁　　　📱

✉

f　　　📷　　　🐦

📍

☰

Name

🎁　　　📱

✉

f　　　📷　　　🐦

📍

☰

Name

🎁　　　📱

✉

f　　　📷　　　🐦

📍

☰

Name

🎁　　　📱

✉

f　　　📷　　　🐦

📍

☰

Z

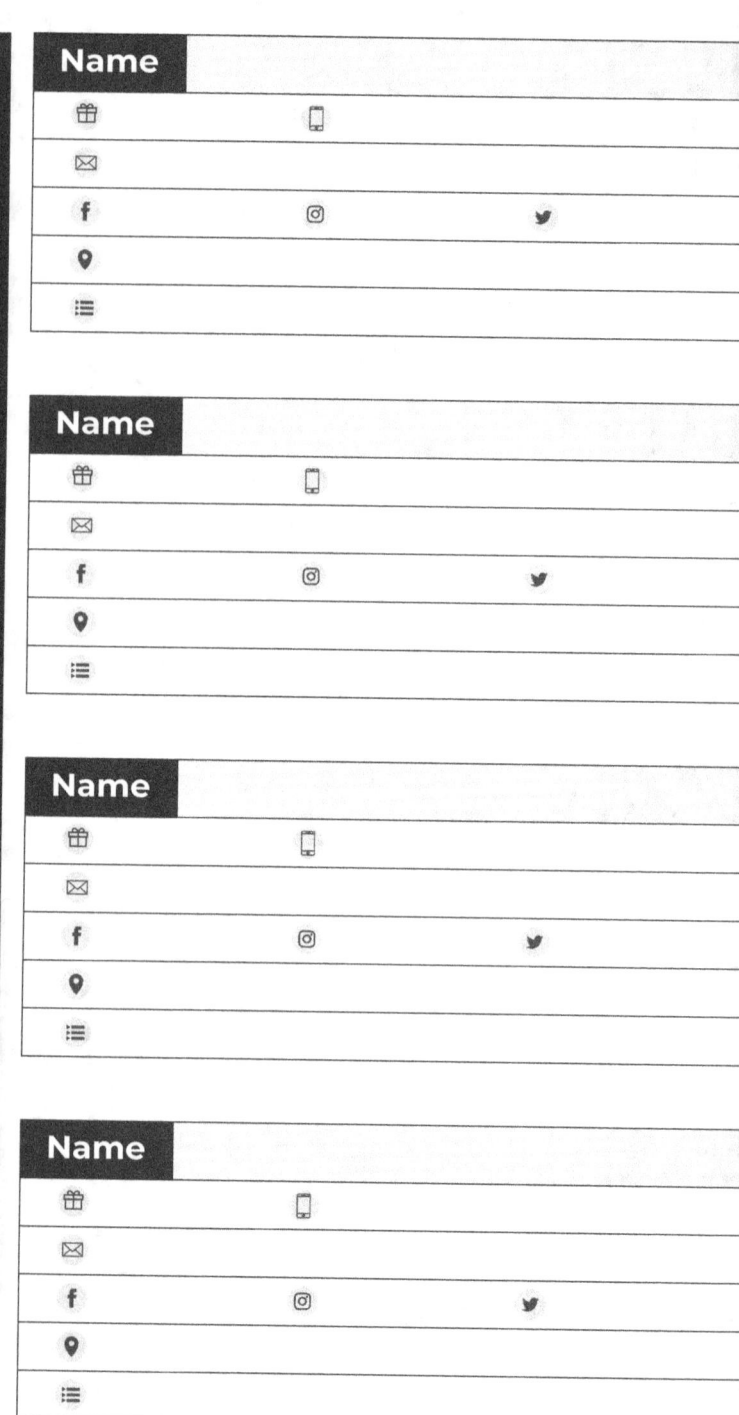

Name

🎁   📱

✉️

f   📷   🐦

📍

☰

Name

🎁   📱

✉️

f   📷   🐦

📍

☰

Name

🎁   📱

✉️

f   📷   🐦

📍

☰

Name

🎁   📱

✉️

f   📷   🐦

📍

☰

Z